Itinerari personal per a l'ocupabilitat II

Carmen María Juan Rodríguez

Itinerari personal per a l'ocupabilitat II

Primera edició, abril 2025

© 2025 Carmen María Juan Rodríguez

© 2025 MARCOMBO, S. L. - www.marcombo.com

Gran Via de les Corts Catalanes, 594, 08007 Barcelona

Contacte: info@marcombo.com

Disseny de la coberta: cuantofalta.es

Maquetació: D. Márquez

Traducció: Luisa Cardona

Correcció: Josep Santacreu

Directora de producció: M.ª Rosa Castillo

ISBN: 978-84-267-3976-6

D. L.: B 5309-2025

Imprès a Andalusí

Printed in Spain

Llibre ecològic
Imprès amb paper procedent de boscos gestionats de manera eficient, lliure de clor

Presentació

Amb l'entrada en vigor de la nova Llei de Formació Professional (Llei orgànica 3/2022, de 31 de març, d'ordenació i integració de la Formació Professional), s'ofereix a l'alumnat una educació més flexible, pràctica i orientada a l'ocupació, plenament adaptada a les demandes del mercat laboral, de manera que proveeix d'oportunitats de desenvolupament personal i professional a diversos sectors i àmbits laborals.

Per això, amb aquest llibre, en el qual s'exposa el mòdul d'itinerari personal per a l'ocupabilitat II, conforme al Reial decret 659/2023, de 18 de juliol, pel qual es desenvolupa l'ordenació del Sistema de Formació Professional, el que es pretén és que l'estudiant rebi una formació pràctica i un aprenentatge orientat a l'emprenedoria. Es persegueix garantir que els alumnes adquireixin les competències i habilitats necessàries per a l'ocupabilitat, amb les quals es configura un professional de qualitat i es marca el seu valor afegit.

Aquesta obra està dirigida als estudiants dels nous cicles de grau mitjà i superior, ja que es tracta d'un mòdul transversal, i té per finalitat dotar l'alumnat de les habilitats perquè pugui gestionar, de manera efectiva, la seva carrera professional, adaptar-se a un mercat laboral en constant canvi i assolir les seves fites professionals i personals.

Per aquest motiu, distingim cinc unitats didàctiques, corresponents als resultats d'aprenentatge.

Així, amb la unitat 1, «Estratègies per a la cerca d'ocupació», es pretén que l'estudiant del cicle formatiu planifiqui i posi en marxa estratègies en els diferents processos selectius d'ocupació que li permetin millorar les seves possibilitats d'inserció laboral.

Amb la unitat 2, «Competències personals, socials i emocionals», l'alumnat aprendrà a aplicar estratègies en la cerca de la millora de la seva ocupabilitat.

Amb la unitat 3, «Habilitats emprenedores en els processos d'innovació i recerca sostenible», es busca que l'alumnat posi en pràctica aquestes habilitats emprenedores per al desenvolupament d'aquests processos, de manera que es promogui la modernització del sector productiu cap a un model sostenible.

En la unitat 4, «Idees emprenedores i noves oportunitats», es tracta d'identificar, definir i validar idees d'emprenedoria que generin noves oportunitats, per mitjà d'estratègies d'anàlisi de l'entorn socioproductiu a partir de metodologies àgils per a l'emprenedoria.

Finalment, amb la unitat 5, «El projecte emprenedor», l'alumnat podrà desenvolupar un projecte d'innovació social i/o tecnològica aplicada en col·laboració amb l'entorn. A més, s'hi incorporen els passos a seguir perquè l'alumnat plasmi el seu projecte emprenedor.

Accedeix a www.marcombo.info
per descarregar gratis
el contingut addicional,
complement imprescindible d'aquest llibre

Codi: MARCOMBO32

Índex

Unitat 1. Estratègies per a la cerca d'ocupació   **7**

1.1 Estratègies per a la cerca d'ocupació   8

RA 1

1.2 La selecció de personal   10

1.3 Creació de la marca personal   14

Conclusió   16

Unitat 2. Competències personals, socials i emocionals   **21**

2.1 Competències personals i socials per a l'ocupació i desenvolupament d'un projecte emprenedor   22

2.2 Treball en equip i presa de decisions   23

RA 2

2.3 Aplicació de les tècniques de comunicació davant diverses situacions   24

2.4 La gestió del temps per a l'assoliment dels objectius   25

2.5 Els conflictes i la seva gestió a través de la intel·ligència emocional   26

Unitat 3. Habilitats emprenedores en els processos d'innovació i recerca sostenible   **31**

3.1 Habilitats emprenedores en els processos d'innovació i recerca sostenible   32

3.2 Concepte d'emprenedoria i tipus   33

3.3 Concepte d'innovació i la seva relació amb la sostenibilitat i el benestar   35

3.4 Anàlisi de metodologies per a l'emprenedoria i la importància de la innovació com a font de creació d'ocupació i benestar social   36

RA 3

3.5 Aplicació del treball col·laboratiu pel desenvolupament del procés d'innovació   39

3.6 Desenvolupament de la competencia digital per a la millora dels procesos d'innovació i recerca en la modernització del sector productiu   39

3.7 Incorporació dels objectius de les polítiques i iniciatives relacionades amb la sostenibilitat i el medi ambient a l'estratègia empresarial   41

Unitat 4. Idees emprenedores i noves oportunitats   **47**

4.1 Idees emprenedores i noves oportunitats   48

4.2 Disseny d'un model de negoci i/o gestió de la idea emprenedora   51

4.3 Anàlisi de models de balanç social incorporant valors ètics i socials a la idea emprenedora   53

RA 4

4.4 Anàlisi del macroentorn i microentorn de l'emprenedor   56

4.5 Les entrevistes de problema   60

4.6 Posada en pràctica de tècniques de validació d'idees i generació de prototips   62

4.7 El màrqueting per al desenvolupament de tècniques de comunicació i venda   63

Unitat 5. El projecte emprenedor   **69**

5.1 Anàlisi dels conceptes bàsics d'emprenedoria i innovació social   70

5.2 Desenvolupament del pensament de disseny per a la detecció de necessitats socials i mediambientals   71

5.3 Formes jurídiques i associatives que poden aplicar-se al projecte emprenedor   75

RA 5

RA 6

5.4 La viabilitat del projecte emprenedor: el pla financer   79

5.5 Opcions financeres socialment responsables   85

5.6 Definició i participació dels agents implicats en el projecte emprenedor   87

5.7 Tràmits de constitució i posada en marxa   88

ANNEX DE LA UNITAT 5   **94**

Descripció de l'empresa   94

Descripció del servei ofert   94

Estudi de mercat   96

Pla de màrqueting   96

Viabilitat del projecte   97

Tràmits legals   98

Conclusió   99

RESULTATS D'APRENENTATGE

RA 1	Planifica i posa en marxa estratègies en els diferents processos selectius d'ocupació que et permetin millorar les possibilitats d'inserció laboral.
RA 2	Aplica estratègies relacionades amb les competències personals, socials i emocionals per a l'ocupació en cerca de la millora de l'ocupabilitat.
RA 3	Posa en pràctica les habilitats emprenedores necessàries per al desenvolupament de processos d'innovació i recerca aplicades que promoguin la modernització del sector productiu cap a un model sostenible.
RA 4	Identifica, defineix i valida idees d'emprenedoria generadores de noves oportunitats a partir d'estratègies d'anàlisi de l'entorn socioproductiu utilitzant metodologies àgils per a l'emprenedoria.
RA 5	Desenvolupa un projecte emprenedor d'innovació social i/o tecnològica aplicada en col·laboració amb l'entorn.
RA 6	Analitza la rendibilitat de la proposta emprenedora valorant inversió, costos i beneficis i dissenya una estratègia per a la posada en marxa d'aquesta proposta tenint en compte les obligacions administratives, fiscals i comptables.

Estratègies per a la cerca d'ocupació

En aquesta unitat estudiaràs:

- Estratègies per a la cerca d'ocupació
- Selecció de personal
- Simulació de tècniques actuals per a la selecció de personal en el sector de l'activitat
- Estratègies per a la cerca de feina en funció de les tècniques més emprades en el sector
- Processos de selecció del sector públic i privat: actituds i aptituds per a la superació d'aquests processos
- Creació de la marca personal

Amb el teu estudi seràs capaç de:

- Identificar les tècniques utilitzades actualment en el sector per al procés de selecció de personal.
- Desenvolupar estratègies per a la cerca d'ocupació.
- Conèixer les actituds i aptituds per poder superar processos selectius en el sector privat i públic.
- Elaborar una marca personal identificant les necessitats del mercat actual.

1.1 ESTRATÈGIES PER A LA CERCA D'OCUPACIÓ

La cerca d'ocupació és el procés pel qual una persona vol trobar una feina que s'ajusti a les seves habilitats, experiència i objectius professionals. Pot ser un procés desafiador, però, amb una estratègia ben planificada, augmentaran les oportunitats d'èxit. Per tant, requereix una combinació d'estratègies ben planificades i executades amb constància i dedicació.

1.1.1 Estratègies per a la cerca d'ocupació

Les estratègies per a la cerca d'ocupació són accions planificades que una persona pot dur a terme per augmentar les seves possibilitats de trobar feina.

1.1.1.1 Autoavaluació i preparació

La cerca d'ocupació efectiva comença amb una autoavaluació profunda i una preparació meticulosa. Per conèixer-se a un mateix, s'han d'analitzar les habilitats, interessos, valors i metes professionals. És important, per tant, conèixer les fortaleses i febleses per trobar rols que s'alineïn amb les habilitats i aspiracions. Així, es pot dirigir la cerca de manera més estratègica. Per a això, s'acostumen a utilitzar eines com ara inventaris d'habilitats, proves de personalitat (com Myers-Briggs) i anàlisi DAFO personal i complementar-ho amb una anàlisi CAME personal.

APRÈN MÉS

En l'avaluació Myers-Briggs Type Indicator (MBTI), es defineixen 16 tipus de personalitats. Dins de cadascun, es tenen en compte diversos factors, com ara punts febles i forts, característiques, potencials i preferències. D'aquesta manera, és possible entendre millor les accions de cadascun en diferents situacions i moments.

Visita per a més informació

https://www.unir.net/salud/revista/tipos-personalidad-psicologia/#:~:text=Para explicar los tipos de,donde se establecen 16 tipos

L'anàlisi DAFO personal conforma una tècnica de planificació estratègica aplicada, emprada en el context personal, en la qual s'analitzen les debilitats, oportunitats, fortaleses i amenaces de les persones en el compliment de les seves fites individuals, la qual cosa els permet comprendre millor la seva realitat a l'hora d'establir estratègies per a la consecució dels seus objectius

L'anàlisi CAME personal, per la seva banda, constitueix una eina complementària amb la qual es respon a la informació llançada per l'anàlisi DAFO. Es fa servir per marcar un pla que permeti corregir les febleses, afrontar les amenaces, mantenir les fortaleses i explotar les oportunitats.

EXERCICI 1

Duu a terme la teva pròpia anàlisi DAFO. Per a això, hauràs de determinar les fortaleses que posseeixes, educació, experiència, coneixements tècnics, actitud i qualitats personals i habilitats toves que et donen un avantatge competitiu sobre els altres. Les debilitats són aquells punts negatius que tens i les característiques que necessites millorar, ja sigui en la teva personalitat o educació, en els coneixements que has de millorar o en experiència laboral. Després, reflexiona sobre les oportunitats i amenaces que hi ha a l'entorn.

Pel que fa a la preparació, es tracta d'elaborar el *curriculum vitae* personalitzat, adaptant-lo a cada posició i destacant experiències i habilitats rellevants. Així mateix, les cartes de presentació han de ser específiques per a cada sol·licitud, i s'hi ha de mostrar com pots aportar valor a l'empresa. En relació amb les entrevistes, és convenient investigar sobre l'empresa i sobre el rol que vol desenvolupar i, sobretot, fer simulacions d'entrevistes i preparar respostes per a preguntes comunes.

─── APRÈN MÉS ───

Entra en https://www.onlinecv.es/plantillas-de-cv/. En aquest enllaç, hi trobaràs una plantilla per fer el teu *curriculum vitae* o per actualitzar-lo.

─── EXERCICI 2 ───

Crea el teu currículum o actualitza'l basant-te en plantilles com l'anterior.

1.1.1.2 Utilització de plataformes d'ocupació

Els portals d'ocupació són llocs web com Indeed, LinkedIn, Glassdoor o InfoJobs. S'hi configuren alertes d'ocupació per rebre notificacions sobre oportunitats laborals que coincideixin amb el teu perfil. Pel que fa a les xarxes socials professionals, com LinkedIn, és important optimitzar el perfil amb una foto professional, un resum concís i detalls de les experiències laborals i habilitats.

S'ha de fer, així mateix, *networking*, és a dir, ampliar la xarxa de contactes professionals, participant en grups i fòrums i compartint contingut rellevant; assistint a fires d'ocupació, conferències i esdeveniments, o interactuant amb altres usuaris, per poder eixamplar la xarxa de contactes. També és interessant visitar els llocs web d'empreses d'interès i sol·licitar directament les vacants disponibles, així com formar part d'associacions i grups professionals relacionats amb el sector.

─── APRÈN MÉS ───

Quines són les millors *apps* per buscar feina? Entra a:

https://www.la-merienda.org/cuales-son-las-mejores-apps-para-buscar-trabajo/

1.1.1.3 Ús de recursos didàctics i de formació

Sempre s'han de mantenir les habilitats actualitzades mitjançant la realització de cursos i l'obtenció de certificacions rellevants. Per fer-ho, es poden utilitzar plataformes com Coursera, edX, Udemy i LinkedIn Learning.

1.1.1.4 Cerca proactiva

És interessant enviar el *curriculum vitae* ben redactat i una carta de presentació personalitzada a aquelles empreses on t'interessaria treballar, encara que no hi hagi vacants publicades. Es recomana fer un seguiment del que enviïs, sigui per mitjà de correus d'agraïment o sol·licitant actualitzacions, per mostrar interès i disposició per al lloc de treball.

─── RECORDA ───

Convé revisar les unitats 10 i 11 del llibre *Itinerari personal per a l'ocupabilitat I*, ja que s'hi tracten temes relacionats amb l'aprenentatge autònom i la cerca d'ocupació.

─── EXERCICI 3 ───

Crea el teu perfil a Linkedin entrant a:

https://www.linkedin.com/help/linkedin/answer/a1338223/signing-up-to-join-linkedin?lang=es

1.1.2 Estratègies per a la cerca d'ocupació a Europa

L'ocupació a Europa pot oferir oportunitats i beneficis, però requereix complir un seguit de requisits i adaptar-se a cultures i sistemes laborals diferents.

Els passos a seguir són els següents:

1. Dur a terme una recerca i planificació sobre el país de destinació, considerant aspectes com l'idioma, el cost de la vida, el mercat laboral, la cultura i les condicions laborals. També s'han d'identificar els sectors amb més demanda d'ocupació.

2. S'ha de considerar també quina documentació i permisos es necessiten. Així, en ser ciutadans de la Unió Europea, es té dret a la lliure circulació i, per tant, a viure i treballar a qualsevol estat membre sense visat ni permís de treball. També pot ser que algun país sol·liciti el registre en les autoritats locals, si l'estada supera un determinat període de temps.

APRÈN MÉS

Els ciutadans de tercers països, per treballar a Europa, necessiten obtenir un visat de treball abans de viatjar. A més del visat, també pot caldre un permís de residència al país.

3. Per cercar ocupació, es poden utilitzar portals com EURES, agències de reclutament internacionals, fires d'ocupació i xarxa de contactes personals i professionals.

APRÈN MÉS

Entra al portal d'ocupació EURES:

https://eures.europa.eu/index_es

4. És necessari igualment preparar el *curriculum vitae* i la carta de presentació amb el format europeu, fent servir el format CV Europass.

5. Prepara l'entrevista de treball tenint en compte l'empresa i el lloc, així com la cultura laboral del país.

1.2 LA SELECCIÓ DE PERSONAL

La selecció de personal és un procés fonamental en la gestió de recursos humans de qualsevol empresa o organització. El seu objectiu principal és elegir el candidat més adequat per a un determinat lloc de treball.

Es tracta del procés pel qual una empresa identifica, avalua i elegeix els candidats més adequats per cobrir una vacant. Aquest procés implica passos dissenyats per assegurar que la persona seleccionada sigui la més idònia, no només en habilitats i experiència, sinó també quant al seu encaix en la cultura i els valors de l'organització; és a dir, que la persona comparteix, comprèn i s'adapta als principis, normes i comportaments que caracteritzen una empresa.

1.2.1 Tècniques de selecció de personal

El procés de selecció de personal ha evolucionat significativament amb l'avenç de la tecnologia i les noves metodologies en recursos humans.

Figura 1.1 Tècniques utilitzades en el sector per al procés de selecció de personal.

Tècniques	Descripció
Intel·ligència artificial i anàlisi de dades	**Sistemes de seguiment de candidats (ATS):** aquests sistemes automatitzen el procés de filtratge de currículums, cercant paraules clau i qualificant candidats segons criteris preestablerts. **Anàlisi predictiva:** s'utilitzen dades històriques i algorismes per predir l'èxit d'un candidat.
Entrevistes estructurades i basades en competències	En les **estructurades**, tots els candidats reben les mateixes preguntes, la qual cosa facilita la comparació i l'avaluació objectiva. Les **basades en competències** se centren a avaluar habilitats i competències específiques basades en preguntes amb les quals es valora l'experiència passada.
Avaluacions psicomètriques i proves d'habilitats	**Proves psicomètriques:** s'avaluen test de personalitat, aptituds cognitives i altres factors psicològics. **Proves tècniques i d'habilitats:** es mesuren les habilitats específiques requerides per a la feina, com les tècniques, els idiomes o els coneixements específics.
Videoentrevistes i entrevistes digitals	**Videoentrevistes asincròniques:** els candidats responen a preguntes gravades pel reclutador en el seu propi temps, la qual cosa permet més flexibilitat i eficiència en l'avaluació. **Entrevistes per videotrucada:** es fan servir especialment per a l'avaluació inicial, la qual cosa permet reduir costos i temps de desplaçament.
Ludificació	**Jocs i simulacions:** s'utilitzen per avaluar habilitats tècniques cognitives i de comportament en un entorn interactiu i dinàmic.

Figura 1.1 (Continuació).

Tècniques	Descripció
Anàlisi de xarxes socials i presència en línia	Els reclutadors revisen perfils en LinkedIn, Twitter (ara X) i altres xarxes socials per obtenir una visió més completa del candidat i verificar-ne antecedents.
Referències i verificació d'antecedents	Es contacta amb referències proporcionades pel candidat i es fan servir serveis de verificació d'antecedents per confirmar la informació donada i revisar l'historial laboral i educatiu, així com buscar possibles antecedents legals.
Assessment centers **(centres d'avaluació)**	S'utilitzen exercicis en grup i activitats simulades per observar com els candidats interactuen i resolen problemes en equip, avaluant habilitats interpersonals i de lideratge.
Reclutament intern i programes de referències	Per mitjà de promocions i mobilitat interna, s'incentiva el creixement professional dins de l'empresa. En els programes de referències d'empleats, els actuals treballadors recomanen candidats per reduir els costos i els temps de contractació i millorar la qualitat dels candidats.
Employer branding **i màrqueting de reclutament**	Es crea una imatge atractiva de l'empresa per atreure talent. En l'*inbound recruiting*, que és semblant a l'*inbound marketing*, s'atreu el candidat a través de contingut rellevant i experiències positives amb la marca.

APRÈN MÉS

L'*inbound recruiting* és una estratègia de reclutament basada en els principis de l'*inbound marketing*, dissenyada per atreure, comprometre i convertir candidats potencials en empleats. En comptes de cercar activament candidats (com es fa en el reclutament tradicional), l'*inbound recruiting* se centra a crear contingut i experiències atractives que generin interès en l'empresa com a ocupador. D'aquesta manera, s'atreuen candidats per tàctiques com publicacions a blogs, vídeos, xarxes socials i altres eines de contingut, per mostrar la cultura de l'empresa, els valors i les oportunitats de creixement, i s'ofereix una experiència personalitzada. D'aquesta manera, es converteix l'interessat en empleat, guiant-lo per un «viatge del candidat» que passa pel procés de selecció, entrevistes i contractació. Una vegada contractat, l'empresa continua treballant per retenir el talent reforçant la connexió emocional de l'empleat amb l'organització i promovent la seva satisfacció laboral.

1.2.2 Estratègies per a la cerca d'ocupació relacionades amb les tècniques actuals més utilitzades contextualitzades al sectorr

Quan es tracta de cercar ocupació en el context actual, això implica haver-se d'adaptar a les tècniques i eines modernes que fan servir les empreses en els processos de selecció. Algunes de les estratègies per buscar ocupació que s'alineen amb les pràctiques actuals en el sector de recursos humans són:

1. L'optimització de currículum per als sistemes de seguiment de candidats (*applicant tracking system*, ATS).

GLOSSARI

ATS, *applicant tracking system*. Es tracta d'un programari utilitzat pels departaments de recursos humans amb el qual es gestiona el procés de selecció i contractació de personal. Els ATS permeten automatitzar la recol·lecció, organització i anàlisi dels currículums rebuts, de manera que els reclutadors puguin filtrar i avaluar candidats de manera més eficient.

Per optimitzar el currículum, cal seguir aquests passos:

1. Utilitzar paraules clau, rellevants amb el lloc de treball, que se solen trobar en la descripció de la feina.

2. Fer servir un format simple: cal evitar l'ús de gràfics, taules, imatges o fonts inusuals que puguin ser difícils de llegir per a l'ATS.

3. Incloure seccions estàndard, com experiència laboral, educació, habilitats i dades de contacte. Els ATS estan configurats per cercar informació en aquestes seccions.

4. Utilitzar text sense format, en lloc d'elements gràfics. Els ATS poden tenir dificultats per llegir text incrustat en gràfics o en format d'imatge.

5. No afegir encapçalaments ni peus de pàgina, ja que alguns ATS no poden llegir-los correctament.

6. Usar un format d'arxiu adequat: envia el currículum en un format d'arxiu compatible, generalment .doc, .docx o .pdf. Alguns ATS tenen dificultats per llegir alguns tipus d'arxius.

7. Ser consistent amb la informació i que estigui lliure d'errors tipogràfics.

2. Perfils en xarxes professionals

Cal mantenir actualitzat i optimitzat el perfil de LinkedIn. Per fer-ho, s'hi ha d'incloure una foto professional, un resum que resulti atractiu i detalls complets de l'experiència i habilitats. També cal revisar la presència en xarxes socials, assegurant-se que aquesta presència sigui coherent amb el perfil professional. S'hi ha de publicar contingut rellevant del sector i participar en debats.

3. Preparació per a entrevistes digitals i videoentrevistes. Per preparar-s'hi, es pot practicar responent preguntes comunes en vídeo, per sentir-se còmode davant la càmera. A més, cal assegurar-se un entorn adequat, bona connexió a Internet i l'equip necessari (càmera i micròfon de qualitat). Cal vestir-se, igualment, de manera professional i mantenir el contacte visual amb la càmera.

4. Participació en plataformes d'avaluació i ludificació. Per familiaritzar-se amb les proves, cal practicar amb proves psicomètriques i tècniques disponibles en línia, així com participar en jocs i simulacions relacionats amb el sector, per demostrar les habilitats de manera interactiva. Algunes d'aquestes plataformes, com Pymetrics, Harver, HireVue, Arctic Shores, Codility, Talent Games, Vervoe o Plum, són de pagament; però a cost zero o sota cost hi ha Google Forms, Type-form, Kahoot! i Quizizz.

5. *Networking* i referències. Cal construir i mantenir una xarxa de contactes del sector, sigui assistint a esdeveniments, participant en grups professionals en línia o col·laborant en projectes. A més, si es coneix algú que treballi en l'empresa, se li hauria de demanar una referència, ja que moltes companyies valoren les recomanacions internes.

6. Participació en centres d'avaluació. En aquest cas, cal preparar-se per a activitats en grup i simulacions practicant les habilitats de comunicació i treball en equip.

7. Marca personal i *brànding*. Cal crear una marca personal i promocionar-la en blogs, portafolis en línia, participació en conferències o seminaris en línia del sector. A més, s'han de publicar articles, compartir coneixements i mostrar els projectes en xarxes socials i plataformes professionals.

8. Utilització de portals d'ocupació i aplicacions. Es recomana subscriure's a alertes d'ocupació i mantenir-se al dia amb les noves ofertes, així com fer servir aplicacions mòbils de cerca d'ocupació.

9. Preparació per a avaluacions psicomètriques i tècniques. Cal practicar per familiaritzar-se amb el format i tipus de preguntes i millorar les habilitats tècniques.

10. Proactivitat i seguiment. No cal esperar que arribin les oportunitats; cal dirigir-se a les empreses d'interès, fins i tot encara que no hi hagi vacants, i després cal fer-ne el seguiment, ja sigui per trucada o per correu electrònic, per mostrar interès i entusiasme.

1.2.3 Actituds i aptituds que permeten superar processos selectius en el sector privat i en el sector públic

Tant en el sector privat com en el públic, en superar els processos selectius, es requereix un equilibri entre actituds positives i aptituds específiques, que s'alineen amb les expectatives i valors del sector corresponent. Adaptar-se a les demandes i demostrar habilitats tècniques com a qualitats personals és crucial per destacar i assegurar una posició, ja sigui en el sector privat o en el sector públic.

Figura 1.2 Principals diferències entre les actituds i aptituds necessàries per superar processos selectius, tant en el sector privat com en el públic.

ACTITUDS		
ASPECTE	SECTOR PRIVAT	SECTOR PÚBLIC
Proactivitat	Anticipar-se als problemes i prendre la iniciativa	Complir amb els procediments establerts
Flexibilitat i adaptabilitat	Adaptar-se ràpidament als canvis i situacions noves Perseverança	Paciència davant la burocràcia
Orientació a resultats	Aconseguir i superar objectius	Orientació al servei públic i empatia social
Innovació i creativitat	Proposar idees noves Assumir riscos calculats	Actuar amb integritat i transparència
Compromís i ètica	Compromís amb l'empresa i la seva missió	Compromís amb la missió i valors del sector públic

APTITUDS		
ASPECTE	SECTOR PRIVAT	SECTOR PÚBLIC
Habilitats de comunicació	Expressar idees de manera clara i escoltar activament	Interactuar eficaçment amb companys i ciutadans
Competències tècniques	Domini d'habilitats tècniques, específiques del lloc	Coneixement de normativa i polítiques públiques
Treball en equip	Col·laborar eficaçment i resoldre conflictes	Diplomàcia i professionalitat
Gestió del temps i organització	Gestionar múltiples responsabilitats i prioritzar tasques	Planificar i organitzar projectes públics
Resolució de problemes	Solucions efectives a problemes complexos	Prendre decisions informades, en benefici del públic
Habilitats administratives	Ús d'eines de gestió i administració	Tècniques d'Administració pública i gestió de recursos

Quant al procés de selecció, tant en el sector públic com en el privat consta de diverses etapes, que requereixen preparació, actitud positiva i aptituds específiques. La clau en qüestió rau en una combinació d'habilitats tècniques i toves, una actitud proactiva i perseverant i una preparació meticulosa per a cada etapa del procés de selecció.

Per l'especificitat del procés de selecció en el sector públic, podem sintetitzar i esquematitzar el procés en els punts següents:

1. Convocatòria pública: es publica al butlletí oficial corresponent i detalla els requisits necessaris, com ara titulació, experiència i altres criteris específics.

2. Presentació de sol·licituds: es presenten dins del termini establert i adjuntant la documentació requerida, com títols acadèmics i certificats.

3. Proves selectives: els exàmens poden incloure proves de coneixement (teòric i pràctic), proves psicotècniques i exàmens físics. En alguns casos, es valoren els mèrits addicionals, com experiència professional o formació contínua.

4. Entrevistes i avaluacions complementàries: entrevista personal, en la qual s'analitzen competències i adequació al lloc, i avaluacions psicològiques, com ara proves per avaluar la personalitat i aptituds del candidat.

5. Llista d'aprovats: es publica la llista d'aprovats al butlletí oficial i s'obre un període de reclamacions, en cas de desacord.

6. Nomenament i presa de possessió: consisteix en l'assignació del lloc, de manera que els candidats aprovats són nomenats i prenen possessió del lloc de treball.

El procés de selecció en el sector privat acostuma a ser més flexible i pot variar de manera significativa entre les diferents empreses. Les etapes típiques del procés són les següents:

1. Identificació de la necessitat: es fa una anàlisi del lloc de treball per tal d'identificar la vacant i elaborar un perfil del lloc.

2. Publicació de l'oferta: l'anunci de l'oferta es duu a terme en portals d'ocupació, xarxes socials i llocs web de l'empresa. S'hi detallen els requisits necessaris i les característiques del lloc.

3. Recepció de candidatures: es recopilen i filtren els currículums mitjançant ATS o de manera manual. Es duu a terme una selecció preliminar, per comprovar si compleixen els requisits bàsics.

4. Proves i entrevistes: es duen a terme avaluacions tècniques i entrevistes telefòniques, per videotrucada o presencials, per part de recursos humans. Es fan simulacions i exercicis en grup per avaluar competències i habilitats.

5. Avaluacions addicionals: es tracta de proves psicomètriques d'avaluació de personalitat, intel·ligència emocional i aptituds. Es verifiquen les referències, tant sobre experiència com sobre acompliment del candidat/a.

6. Selecció i oferta: s'adopta la decisió final per mitjà d'una reunió de l'equip de selecció i es presenta l'oferta d'ocupació al candidat/a seleccionat.

7. Incorporació: s'executa l'*onboarding*, un programa per facilitar la integració del nou empleat a l'empresa.

GLOSSARI

L'*onboarding* és un procés d'integració de noves persones a l'equip de treball mitjançant el qual aprenen sobre l'organització i cultura de l'empresa, coneixen els seus companys d'equip i col·laboradors d'altres departaments i aprenen les eines i informació que necessiten per al nou lloc de treball.

1.3 CREACIÓ DE LA MARCA PERSONAL

La creació d'una marca personal conforma un procés estratègic que permet posicionar-se, de forma efectiva, en el camp professional i destacar entre la competència, ja que implica dissenyar i comunicar, de manera intencionada, una imatge i una identitat professional.

Es tracta de com els altres perceben una persona en termes de les seves capacitats, experiència i personalitat. És una manera de **posicionar-se com a expert o figura de confiança** en una àrea de treball. Resulta essencial en el món professional modern, en el qual la diferenciació esdevé clau per destacar enfront de la competència.

Per tant, desenvolupar una marca personal sòlida i efectiva implica identificar les necessitats del mercat actual, comprendre les habilitats i destreses que es tenen i comunicar clarament l'aportació de valor.

Figura 1.3. Guia per construir una marca personal.

1r. IDENTIFICACIÓ DE NECESSITATS EN EL MERCAT ACTUAL	A. Investigació del mercat: actualització de les tendències del sector i canvis i anàlisi de les habilitats i competències amb més demanda laboral
	B. Identificació de problemes i oportunitats d'innovació, per detectar àrees on aportar solucions innovadores o millorar processos existents
2n. COMPRENSIÓ D'HABILITATS I DESTRESES	A. Avaluació personal, mitjançant una llista d'habilitats tècniques rellevants en el sector i d'habilitats toves
	B. Formació i certificacions: exposició de la formació acadèmica i certificacions professionals, així com participació en cursos i tallers, per a l'actualització i millora de competències
3r. APORTACIÓ DE VALOR	A. Diferenciació, mitjançant una proposta única de valor que defineixi el que fa ser únic i destaqui els assoliments o èxits passats
	B. Impacte i contribució, que comparteixi històries concretes de valor o èxit i mostri projectes personals o de voluntariat
4t. COMUNICACIÓ I PROMOCIÓ DE LA MARCA PERSONAL	A. Presència en línia, mantenint els perfils professionals actualitzats a LinkedIn o creant un lloc web o portafolis en línia
	B. Contingut i *networking*: publicació de contingut en blogs i posts en xarxes socials, escrivint articles, o bé participant en seminaris en línia o pòdcasts, connectant amb professionals del sector, participant en esdeveniments o fòrums i col·laborant en projectes comunitaris o professionals

En conclusió, la marca personal es refereix a la gestió de la imatge i a la reputació d'un individu i s'enfoca en com es percep a aquesta persona en el seu àmbit professional, mentre que el brànding de la marca és el procés de construir, desenvolupar i gestionar la identitat de la marca de l'empresa. Se centra, per tant, en com els consumidors veuen l'empresa i els seus productes o serveis, qüestió que passem a estudiar en l'apartat següent.

1.3.1 El *brànding* i els seus elements

El *brànding* és més conegut com el procés de gestió de marca, plasmat en un conjunt d'accions relacionades amb el posicionament, el propòsit i els valors d'una marca. El seu objectiu és crear connexions amb el públic per influir en les seves decisions de compra. Aquesta gestió inclou una planificació a llarg termini i la creació i gestió dels elements de la marca per aprofitar la percepció sobre el negoci en la ment dels consumidors. El *brànding* és, en essència, l'ànima de l'empresa. Constitueix la manera en què una empresa comunica la seva personalitat, els seus valors i la seva promesa als consumidors.

RECORDA

El màrqueting és el missatge que intentem transmetre a la societat. El *brànding* és la identitat de l'empresa; la marca és la seva raó d'existència: el valor autèntic, únic i diferencial que pot oferir als seus clients.

Figura 1.4 Elements del *brànding*.

Identitat de la marca	Nom: denominació amb la qual es coneix la marca
	Logo: símbol o disseny gràfic que representa la marca
	Colors: paleta de colors associada a la marca
	Tipografia: tipus de lletra utilitzats en el material de la marca
Missatge de la marca	Eslògan: frase curta amb la qual es transmet l'essència de la marca
	Valors: principis i creences que la marca representa
	To de veu: la forma en què la marca es comunica
Experiència de la marca	Interacció amb el client: com s'hi relaciona a través del servei al client, les xarxes socials, el lloc web, etc.
	Productes/serveis: qualitat i característiques
	Ambient de marca: atmosfera creada en botigues físiques o en línia, en esdeveniments i en totes les interaccions amb la marca

És important, a l'hora d'establir la nostra marca, seguir una sèrie **d'estratègies**.

En primer lloc, cal efectuar una recerca de mercat per entendre les necessitats i desitjos del públic.

En segon lloc, s'ha de desenvolupar la identitat mitjançant la creació dels elements visuals i verbals que representaran la marca.

En tercer lloc, s'ha de desenvolupar una comunicació consistent per assegurar que tots els punts de contacte amb el client mantinguin un missatge i una imatge coherents.

En quart lloc, s'ha de fomentar i construir una relació contínua i positiva amb els clients.

Per acabar, s'ha d'adaptar i actualitzar la marca segons les tendències del mercat i el *feedback* (retorn d'informació) dels clients, perquè es tracta d'una evolució constant.

EXEMPLE 1

Imagina que es llança una marca de moda sostenible al mercat anomenada RobaEco.

SOLUCIÓ: Passes a seguir:

- Nom: RobaEco
- **Logotip:** un disseny minimalista, amb un toc de verd, per representar la sostenibilitat
- **Eslògan:** «Elegància responsable»
- **Productes:** roba casual i elegant, feta amb materials orgànics i reciclats
- **Màrqueting:** enfocat en xarxes socials, col·laboracions amb *influencers* de moda sostenible i esdeveniments de llançament en botigues de moda ecològica
- **Vendes:** principalment, a través d'una botiga en línia I *pop-up stores* a ciutats principals

Seguint aquestes passes, es pot establir una marca sòlida en el sector de la moda i diferenciar-se de la competència oferint productes únics i de qualitat.

GLOSSARI

Les botigues *pop-up*, o *pop-up stores*, són una tècnica de venda al detall que implica l'obertura d'una botiga temporal en una ubicació específica durant un període de temps limitat.

EXERCICI 6

Seguint l'exemple anterior, crea una marca d'aliments saludables.

CONCLUSIÓ

Cal destacar la importància del brànding en relació amb els aspectes següents:

- Diferenciació: per distingir la marca de les competidores.

- Reconeixement: per facilitar que els consumidors identifiquin i recordin la marca.

- Lleialtat del client: una marca forta i coherent genera lleialtat i l'elecció de la marca sobre les altres.

- Valor perceptiu: si la marca està ben posicionada, pot justificar que els preus siguin més alts a causa de la percepció de tenir més valor.

- Consistència: un brànding sòlid enforteix la identitat i la confiança en la marca.

Repte professional

Crea una marca personal en relació amb el sector d'activitat del cicle formatiu que estàs cursant, seguint els passos de l'exemple 1. Posteriorment, a l'aula, presenta la teva marca personal al grup-classe.

Mapa conceptual

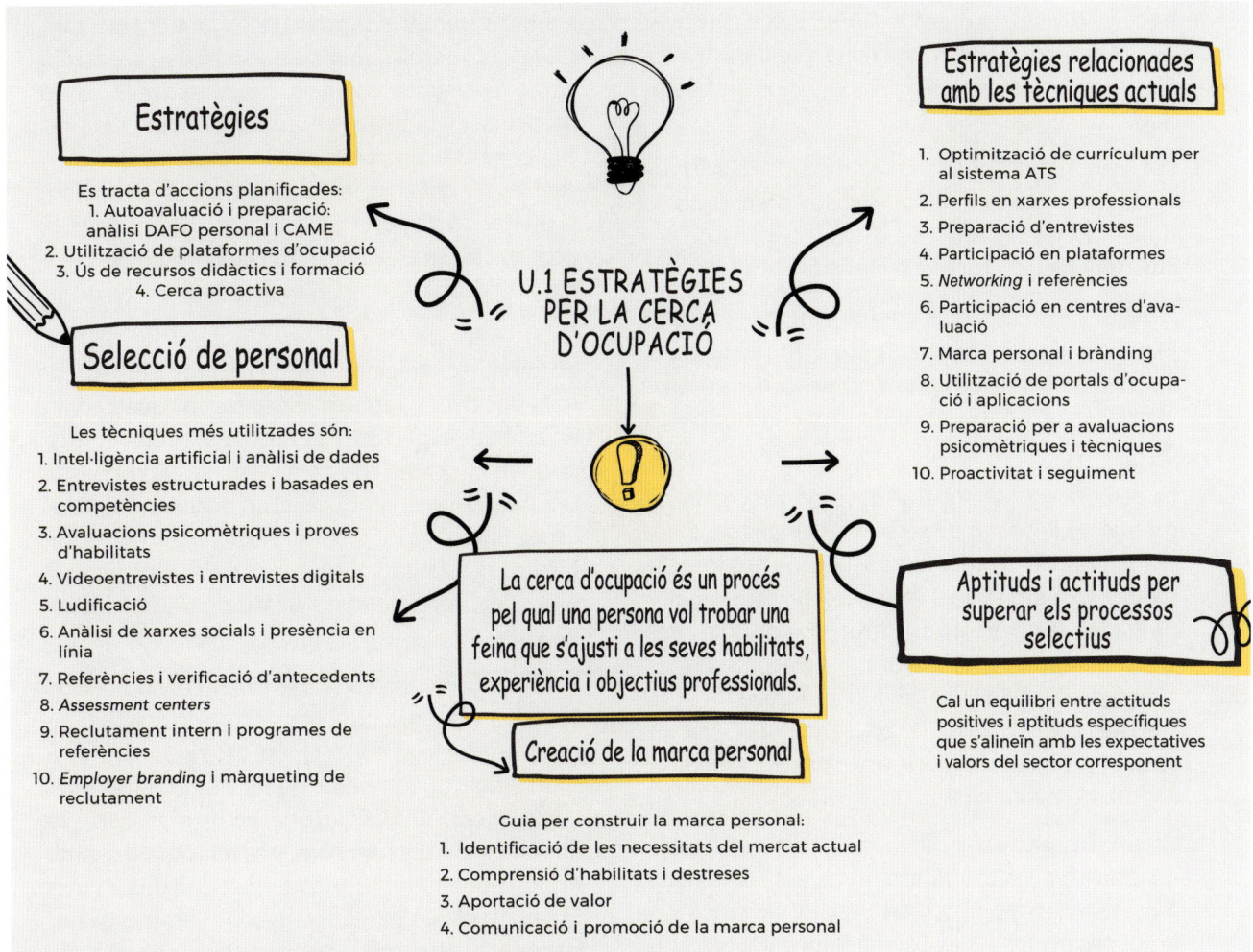

Estratègies

Es tracta d'accions planificades:
1. Autoavaluació i preparació: anàlisi DAFO personal i CAME
2. Utilització de plataformes d'ocupació
3. Ús de recursos didàctics i formació
4. Cerca proactiva

Selecció de personal

Les tècniques més utilitzades són:
1. Intel·ligència artificial i anàlisi de dades
2. Entrevistes estructurades i basades en competències
3. Avaluacions psicomètriques i proves d'habilitats
4. Videoentrevistes i entrevistes digitals
5. Ludificació
6. Anàlisi de xarxes socials i presència en línia
7. Referències i verificació d'antecedents
8. *Assessment centers*
9. Reclutament intern i programes de referències
10. *Employer branding* i màrqueting de reclutament

U.1 ESTRATÈGIES PER LA CERCA D'OCUPACIÓ

La cerca d'ocupació és un procés pel qual una persona vol trobar una feina que s'ajusti a les seves habilitats, experiència i objectius professionals.

Creació de la marca personal

Guia per construir la marca personal:
1. Identificació de les necessitats del mercat actual
2. Comprensió d'habilitats i destreses
3. Aportació de valor
4. Comunicació i promoció de la marca personal

Estratègies relacionades amb les tècniques actuals

1. Optimització de currículum per al sistema ATS
2. Perfils en xarxes professionals
3. Preparació d'entrevistes
4. Participació en plataformes
5. *Networking* i referències
6. Participació en centres d'avaluació
7. Marca personal i brànding
8. Utilització de portals d'ocupació i aplicacions
9. Preparació per a avaluacions psicomètriques i tècniques
10. Proactivitat i seguiment

Aptituds i actituds per superar els processos selectius

Cal un equilibri entre actituds positives i aptituds específiques que s'alineïn amb les expectatives i valors del sector corresponent

Figura 1.5 Mapa conceptual de la unitat 1, «Estratègies per a la cerca d'ocupació».

- La cerca d'ocupació constitueix un procés pel qual una persona vol trobar una feina que s'ajusti a les seves habilitats, experiència i objectius professionals.

- Les estratègies per a la cerca d'ocupació són accions planificades: l'autoavaluació i preparació, la utilització de plataformes d'ocupació, l'ús de recursos didàctics i formació i la cerca proactiva.

- L'anàlisi DAFO personal conforma una tècnica de planificació estratègica aplicada i emprada en el context personal, en la qual s'analitzen les debilitats, les oportunitats, les fortaleses i les amenaces de les persones.

- La selecció de personal esdevé un procés fonamental en la gestió de recursos humans de qualsevol empresa o organització. Pel que fa a les tècniques, trobem la intel·ligència artificial i l'anàlisi de dades, les entrevistes estructurades i basades en competències, les avaluacions psicomètriques i les proves d'habilitats, les videoentrevistes i entrevistes digitals, la ludificació, l'anàlisi de xarxes socials, les referències, els assessment centers, el reclutament intern i l'employer brànding.

- Cercar ocupació en el context actual implica adaptar-se a les tècniques i eines modernes que fan servir les empreses en els processos de selecció. Aquestes eines són l'optimització de currículums per als sistemes de seguiment de candidats, els perfils en xarxes socials, la preparació per a entrevistes digitals i videoentrevistes, la participació en plataformes d'avaluació i ludificació, el networking i referències, la participació en centres d'avaluació, la marca personal i brànding, la utilització de portals d'ocupació i aplicacions, la preparació per a avaluacions psicomètriques i tècniques, la proactivitat i el seguiment.

- En el sector privat, com en el públic, per superar els processos selectius cal un equilibri entre actituds positives i aptituds específiques, que s'alineen amb les expectatives i valors del sector corresponent. El procés consta de diverses etapes, que requereixen preparació, actitud positiva i aptituds específiques. La clau en qüestió rau en una combinació d'habilitats tècniques i toves, una actitud proactiva i perseverant i una preparació meticulosa.

- La creació d'una marca personal constitueix un procés estratègic que permet posicionar-se, de manera efectiva, en el camp professional i destacar entre la competència. El brànding és més conegut com el procés de gestió de marca en què es plasma un conjunt d'accions relacionades amb el posicionament, propòsit i valors d'una marca. El seu objectiu és crear connexions amb el públic per influir en les seves decisions de compra.

1. Les estratègies per a la cerca d'ocupació:

a) Són accions planificades que una persona pot efectuar per augmentar les seves possibilitats de trobar feina.

b) Són accions no planificades que una persona pot efectuar per augmentar les seves possibilitats de trobar feina.

c) Són accions realitzades per un grup de persones per mantenir una ocupació.

d) Totes són correctes.

2. L'anàlisi DAFO personal:

a) És una eina complementària.

b) És una tècnica de planificació estratègica aplicada i emprada en el context personal.

c) És una tècnica de planificació estratègica aplicada i emprada en el context professional.

d) Totes són correctes.

3. Els sistemes de seguiment de candidats:

a) Alenteixen el procés de filtratge de currículums, cercant paraules clau i qualificant candidats segons criteris preestablerts.

b) Automatitzen el procés de filtratge de currículums, cercant paraules clau i qualificant candidats segons criteris preestablerts.

c) Automatitzen el procés de filtratge de currículums, cercant paraules que no són clau.

d) Cap no és correcta.

4. En els *assessment centers*:

a) Els candidats responen preguntes gravades pel reclutador en el seu propi temps.

b) Es contacta amb referències proporcionades pel candidat i es fan servir serveis de verificació d'antecedents.

c) S'utilitzen exercicis en grup i activitats simulades per observar com els candidats interactuen i resolen problemes en equip.

d) Totes les anteriors.

5. L'*onboarding*:

a) Serveix per automatitzar el procés de filtratge de currículums cercant paraules clau.

b) És una tècnica de planificació estratègica aplicada i emprada en el context personal.

c) És una eina complementària.

d) És un programa per facilitar la integració del nou empleat a l'empresa.

6. La creació de la marca personal és:

a) Un procés estratègic, que permet posicionar-se de manera efectiva en el camp professional i destacar entre la competència.

b) Un procés clau, que permet posicionar-se de manera efectiva en el camp professional i destacar entre la competència.

c) Un procés de suport, que permet posicionar-se de manera efectiva en el camp professional i destacar entre la competència.

d) Cap no és correcta.

7. El brànding és:

a) Un procés de suport, que permet posicionar-se de manera efectiva en el camp professional i destacar entre la competència.

b) Un procés de gestió de marca, en què es plasma un conjunt d'accions relacionades amb el posicionament, el propòsit i els valors d'una marca.

c) Un programa per facilitar la integració del nou empleat a l'empresa.

d) Totes són correctes.

8. Els elements d'una marca són:

a) Identitat de la marca.

b) Missatge de la marca.

c) Experiència de la marca.

d) Totes són correctes.

9. Les botigues *pop-up*, o *pop-up stores*:

a) Són una tècnica de venda a l'engròs que implica l'obertura d'una botiga temporal en una ubicació específica durant un període de temps limitat.

b) Són una tècnica de venda al detall que implica l'obertura d'una botiga temporal en una ubicació específica durant un període de temps limitat.

c) Són una tècnica de venda al detall que implica l'obertura d'una botiga definitiva en una ubicació específica durant un període de temps limitat.

d) Totes les anteriors.

10. Quan parlem d'identitat de marca, ens referim a:

a) Nom, logo, colors i tipografia.

b) Interacció amb el client.

c) Eslògan, valors i to de veu.

d) Totes les anteriors.

ACTIVITAT 1

Duu a terme una anàlisi de les teves actituds per a un procés selectiu, tant en el sector privat com en el públic, i destaca'n aquelles en les quals sobresurts.

ACTIVITAT 2

Duu a terme una anàlisi de les teves aptituds per a un procés selectiu, tant en el sector privat com en el públic, i destaca'n aquelles en les quals sobresurts.

ACTIVITAT 3

Després de crear la teva marca personal en el repte professional, analitza-la ara basant-te en la guia per construir-la.

Competències personals, socials i emocionals

En aquesta unitat estudiaràs:

- Les competències personals i socials per a l'ocupació i el desenvolupament d'un projecte emprenedor.

- El treball en equip i la presa de decisions.

- L'aplicació de les tècniques de comunicació davant situacions diverses.

- La gestió del temps per a l'assoliment dels objectius.

- Els conflictes i la seva gestió a través de la intel·ligència emocional.

Amb el teu estudi seràs capaç de:

- Valorar competències personals i socials en projectes emprenedors.

- Participar activament en l'establiment d'objectius d'un equip i en la presa de decisions.

- Conèixer les tècniques de presentació i comunicació oral i escrita.

- Aplicar tècniques per a la gestió del temps i la programació d'activitats per aconseguir els objectius.

- Gestionar els conflictes i canalitzar les emocions mitjançant la intel·ligència emocional, mostrant flexibilitat en les relacions interpersonals.

2.1 COMPETÈNCIES PERSONALS I SOCIALS PER A L'OCUPACIÓ I DESENVOLUPAMENT D'UN PROJECTE EMPRENEDOR

Les competències personals i socials són fonamentals per a l'ocupabilitat en qualsevol sector d'activitat. Aquestes competències no només complementen les habilitats tècniques, sinó que també són importants per a la integració i l'acompliment efectiu en l'entorn laboral.

2.1.1 Competències personals

En parlar de competències personals, parlem d'aquelles habilitats i qualitats que posseeix una persona i que són valorades pels ocupadors en el mercat laboral. Són competències personals:

- Autoconeixement: és a dir, la capacitat per reconèixer i comprendre les pròpies emocions, fortaleses, valors i motivacions. Seria el cas d'una persona creativa però que li costa organitzar-se, per la qual cosa busca estratègies per millorar aquest aspecte.

- Autogestió: l'habilitat de controlar les pròpies emocions i comportaments, mantenint la motivació i manejant l'estrès de manera efectiva. Un exemple és la utilització de tècniques de *mindfulness* (atenció plena) per gestionar l'estrès i mantenir la calma davant de situacions difícils.

- Confiança en un mateix: es tracta del sentiment de seguretat en les pròpies capacitats, com l'aplom en mostrar les idees en una reunió de treball, en confiar en els propis coneixements.

- Responsabilitat: la capacitat per assumir i complir amb els compromisos i obligacions, com ara complir els terminis de lliurament d'un treball.

- Adaptabilitat: l'habilitat per ajustar-se als canvis i nous desafiaments com, per exemple, davant canvis a l'entorn de treball, o saber-s'hi adaptar.

2.1.2 Competències socials

Les competències socials per a l'ocupabilitat són habilitats relacionades amb la interacció i comunicació efectiva amb altres persones en l'entorn laboral. Són competències socials:

- La comunicació efectiva, o habilitat per expressar idees i emocions de manera clara i apropiada, tant verbalment com per escrit, a més d'escoltar activament els altres.

- L'empatia, o capacitat per comprendre i compartir els sentiments dels altres.

- El treball en equip, o habilitat per col·laborar i treballar eficaçment amb els altres per aconseguir objectius comuns.

- La resolució de conflictes, com la capacitat per manejar i resoldre els desacords i conflictes de manera constructiva.

- El lideratge, o habilitat per guiar, influir i motivar els altres per aconseguir objectius comuns.

- La negociació, com a capacitat per arribar a acords satisfactoris mitjançant la discussió i el compromís.

- L'orientació al client, o habilitat per entendre i satisfer les necessitats dels clients.

Desenvolupar i demostrar aquestes competències personals i socials augmenta les possibilitats d'aconseguir una ocupació i d'assolir l'èxit en l'àmbit laboral. A més a més, aquestes habilitats es poden aprendre i millorar al llarg del temps mitjançant la pràctica i el *feedback*.

GLOSSARI

Feedback és una paraula en anglès que es fa servir habitualment en català i que es refereix a la informació o respostes rebudes sobre una acció, producte, servei o acompliment. Amb el *feedback* s'intenta proporcionar una avaluació o retroalimentació que permeti millorar, ajustar o reconèixer un treball o una conducta.

EXEMPLE 1

La Maria s'acaba de graduar com a tècnic de grau mitjà en Gestió Administrativa. Ha enviat diverses sol·licituds d'ocupació i l'han convocat a una entrevista per al lloc d'auxiliar administrativa. L'empresa valorarà les seves competències personals i socials: capacitat per comunicar-se, treballar en equip, resoldre conflictes, adaptar-se a canvis, mantenir una actitud proactiva, manejar l'estrès i mostrar empatia.

Solució: Passes a seguir: 1r, haurà de mostrar una comunicació eficaç responent de manera concisa i clara. 2n, haurà de destacar algun cas durant el cicle formatiu de treball en equip, sigui dirigint algun projecte o coordinant l'equip. 3r, quant a la resolució de conflictes, podria aportar la narració d'alguna experiència en la qual hagi mediat per solucionar conflictes entre els membres de l'equip. 4t, pel que fa a l'adaptabilitat, davant de canvis en l'entorn (per exemple, en informàtica), podria ressaltar la capacitat d'aprenentatge. 5è, en relació amb l'actitud proactiva, podria remarcar que, en el temps lliure, fa cursos de formació per continuar aprenent. 6è, quant al maneig de l'estrès, podria mostrar com organitza el temps de treball per evitar-lo. 7è, dins de l'apartat de l'empatia i habilitats interpersonals, podria recalcar situacions en què hagi treballat o col·laborat amb altres persones ajudant com a voluntària o en organitzacions sense ànim de lucre.

En conclusió, les competències personals i socials són molt importants per a l'èxit d'un projecte emprenedor. Aquestes competències no només ajuden a iniciar i gestionar un negoci, sinó que també esdevenen crucials per construir relacions sòlides, liderar equips i afrontar els desafiaments del mercat. Així, l'autoconeixement i la confiança són essencials per prendre riscos calculats i liderar projectes. La resiliència és fonamental per superar tots els desafiaments als quals s'enfronten els emprenedors, i també ho són la capacitat de *networking*, perquè pot obrir portes i noves oportunitats, i la resolució de conflictes, perquè assegura relacions sòlides amb socis, inversors i clients.

GLOSSARI

La «capacitat de *networking*» es refereix a l'habilitat per establir, mantenir i utilitzar una xarxa de contactes professionals i personals. Aquesta capacitat és essencial per al creixement professional i empresarial, ja que permet accedir a noves oportunitats, recursos, informació i suport.

2.2 TREBALL EN EQUIP I PRESA DE DECISIONS

El treball en equip és essencial en la major part dels entorns laborals moderns, ja que fomenta la col·laboració, la creativitat i l'eficiència. Per millorar el treball en equip, és fonamental desenvolupar determinades competències bàsiques, amb un enfocament especial en la comunicació interna i externa de l'equip.

Perquè un equip aconsegueixi les seves metes de manera eficient i efectiva, a més de prendre decisions, ha de definir els seus objectius, fomentar una comunicació oberta, assignar tasques, involucrar tots els seus membres en la presa de decisions, gestionar els conflictes de manera constructiva i proporcionar retroalimentació.

2.2.1 Fases del procés de presa de decisions de l'equip de treball

1. **Establiment dels objectius:** els objectius han de ser clars i específics, perquè tots els membres de l'equip comprenguin el que s'espera aconseguir. Han de poder mesurar-se per avaluar l'èxit i progrés, a més de mostrar-se realistes i assolibles per mitjà dels recursos disponibles, i rellevants i pertinents amb la missió i visió de l'equip. Han de comptar, igualment, amb un marc temporal definit per a la seva consecució.

2. **Participació de tots els membres de l'equip:** s'han de facilitar sessions en què els membres puguin aportar idees i suggeriments a l'hora de definir els objectius. Sempre s'ha de buscar un consens per assegurar que tots estan motivats i compromesos amb els objectius establerts.

3. **Procés de decisió col·laboratiu:** a l'hora de la presa de decisions, s'ha de seguir un procés de decisió col·laboratiu i democràtic que involucri tots els membres mitjançant discussions obertes i votacions. A més, cal consultar experts o els membres amb més experiència a l'equip. S'han de valorar també els avantatges i desavantatges, a més d'analitzar com afecta cada opció els objectius. Una vegada presa la decisió, tots els membres s'han de comprometre a secundar-la i executar-la de manera efectiva.

4. **Assumpció de responsabilitat:** s'han de definir clarament els rols en els membres de l'equip i la seva responsabilitat, per a la qual cosa és necessari documentar-los amb la finalitat d'evitar equívocs i així poder rendir comptes. Cada membre, per tant, ha d'assumir la seva responsabilitat individual, de manera personal, sobre les seves tasques i accions, però també s'ha de fomentar la responsabilitat de l'equip quant als resultats.

5. **Participació i cooperació:** es busca la transparència; per fer-ho, cal fomentar una comunicació oberta i honesta dins de l'equip i desenvolupar un *feedback* constructiu, per així cercar la millora contínua. També cal fomentar la cooperació i col·laboració mitjançant activitats i projectes que així ho requereixin, com ara afavorint un ambient de treball en el qual es requereixi suport mutu per al compliment de les tasques. És important compartir el lideratge mitjançant la rotació de rols i permetent que es produeixi un lideratge situacional; és a dir, que el lideratge s'assumeixi segons les necessitats del projecte i les habilitats dels membres.

En conclusió, per a la millora contínua de l'equip de treball, és essencial la reflexió regular sobre el seu acompliment. Per aconseguir-ho, es poden fer avaluacions d'equip, sessions de retroalimentació i implementació de noves eines i estratègies, per a una millor comunicació i col·laboració.

2.3 APLICACIÓ DE LES TÈCNIQUES DE COMUNICACIÓ DAVANT DIVERSES SITUACIONS

En el procés d'aprenentatge, és essencial incorporar tècniques de presentació i comunicació, ja que esdevenen essencials per desenvolupar l'habilitat de comunicar-se de manera efectiva, i no només dominar habilitats orals i escrites. També és necessari adaptar-les a diferents situacions i circumstàncies.

La comunicació efectiva és fonamental per establir relacions personals i professionals reeixides. Entre les tècniques de comunicació efectiva més importants, es troben l'assertivitat i l'escolta activa. Totes dues habilitats són essencials per expressar idees i sentiments de manera clara i respectuosa, així com per comprendre i respondre adequadament als altres.

2.3.1 Tècniques de comunicació

La incorporació de tècniques de comunicació i presentació, així com adaptar-se a cada situació i circumstància o valorar les oportunitats i enfrontar-se a les dificultats, no només permet millorar les habilitats individuals, sinó que també augmenta l'eficàcia en les interaccions professionals i personals.

Són **tècniques orals**, en primer lloc, la vocalització i entonació per mitjà d'exercicis de dicció per millorar la claredat en parlar, així com usar una bona entonació, emfatitzant els punts importants i mantenint l'interès.

En segon lloc, hi ha el llenguatge corporal, amb una postura relaxada i l'ús de gestos naturals. També cal mantenir una escolta activa, amb atenció i retroalimentació, per demostrar comprensió i empatia. Es poden fer servir, també, suports visuals, com diapositives, gràfics i vídeos, així com recórrer a les demostracions pràctiques, si fos necessari.

Són **tècniques escrites** l'estructuració del contingut mitjançant una redacció clara i organitzada, utilitzant encapçalaments, llistes i paràgrafs curts. L'estil i el to, per la seva banda, s'han d'ajustar al nivell de formalitat

del context, i cal adaptar el to al missatge: informatiu (centrant-se en la claredat i estructura lògica), persuasiu (fent servir tècniques de persuasió) o emotiu (per mitjà d'anècdotes i històries que connectin emotivament). És important revisar i corregir els errors gramaticals i d'estil, així com sol·licitar la retroalimentació dels altres per millorar l'escrit. També es recomana l'ús de recursos digitals, com ara eines d'escriptura, programari d'edició i correcció gramatical i, per tant, conèixer les plataformes més adequades per a la publicació d'aquest contingut escrit.

Per adaptar-se a les diferents situacions i circumstàncies, s'ha de conèixer el context per adaptar-hi el contingut, així com el públic al qual s'adreça. S'ha d'ajustar la tècnica a si la presentació serà presencial o virtual, o si es tracta d'una comunicació síncrona o asíncrona, és a dir, si es produeix en temps real o en diferit.

2.3.2 La netiqueta

Tant en la comunicació oral com en l'escrita, es requereixen unes habilitats específiques i l'observança d'unes normes de conducta, que és el cas de la netiqueta dins de l'entorn digital.

Es tracta d'un conjunt de normes i comportaments que es recomanen per interactuar de manera respectuosa i adequada a Internet i resta d'entorns digitals.

Així, ens trobem amb un seguit de principis que hem de respectar, com ara:

- La cortesia i el respecte, evitant el llenguatge ofensiu, insults o comentaris despectius.

- La claredat i precisió en escriure, per evitar malentesos. S'han d'ignorar les provocacions i no entrar en conflicte, és a dir, no alimentar les persones que busquen la discussió.

- No s'ha de compartir mai informació personal dels altres sense el seu consentiment i, per tant, hem de ser conscients de la importància de la privacitat i no divulgar dades sensibles en cap fòrum públic.

- Cal mostrar-se concís en els correus electrònics i missatges, i evitar l'enviament d'arxius pesants sense previ avís o permís. De la mateixa manera, no s'ha d'escriure tot en majúscules, perquè equival a cridar.

- S'han de citar les fonts quan es comparteixin continguts i reconèixer les contribucions que fan els altres.

- Tampoc es poden enviar correus electrònics no sol·licitats, missatges repetitius o promocions no desitjades. Sempre cal mostrar comprensió amb els altres, atès que no tots disposen del mateix nivell tecnològic.

EXERCICI 3

Revisa les teves xarxes socials i comprova que segueixes les normes de conducta de la netiqueta; per fer-ho, regeix-te pels principis que apareixen reflectits en l'apartat anterior.

2.4 LA GESTIÓ DEL TEMPS PER A L'ASSOLIMENT DELS OBJECTIUS

Per augmentar la productivitat, assolir els objectius de manera eficient i, per tant, reduir l'estrès, cal gestionar el temps. Això serveix tant per al treball en equip com per al treball individual. Per això, s'han d'adoptar estratègies i tècniques que serveixin per ajudar a la programació i gestió d'activitats de manera efectiva, assegurant que s'aconsegueixin els objectius que s'hagin establert.

2.4.1 Estratègies d'organització eficient per a la programació d'activitats

Una de les estratègies és *establir prioritats*; per fer-ho, es pot fer servir el mètode ABCDE o la matriu d'Eisenhower. Totes dues s'utilitzen per prioritzar tasques i resoldre problemes.

Figura 2.1 Estratègies per establir prioritats.

MÈTODE ABCDE	MATRIU D'EISENHOWER
Classifica les tasques en cinc categories:	Divideix les tasques en quatre quadrants:
A: tasques crucials que s'han de fer avui	**Urgent i important:** fer immediatament
B: tasques importants que s'han de fer, però que no són urgents	**Important però no urgent:** planificar per fer més endavant
C: Tasques que són bones de fer, però no són essencials	**Urgent però no important:** delegar
D: tasques que es poden delegar	**Ni urgent ni important:** eliminar
E: tasques que es poden eliminar	

Una altra estratègia és *la planificació i l'organització*. Per fer-ho, és convenient crear una llista de tasques pendents, perquè ajuda a visualitzar-les. També és interessant fer servir un calendari per planificar i deixar temps per a les tasques importants i les reunions,

com ara calendaris digitals (Google Calendar o aplicacions com Todoist). L'agenda diària serveix per planificar, a l'inici o final de la jornada, les activitats de l'endemà.

També es poden *establir metes SMART*, és a dir, que siguin específiques, clares i ben definides; que siguin mesurables, amb la qual cosa els resultats es mostren quantificables.

Per ser més productiu, es poden *utilitzar diferents tècniques de productivitat*, que poden ser més o menys escaients, depenent de l'estil de treball i de les necessitats individuals. Es pot experimentar amb diferents mètodes per trobar la combinació que funcioni millor, no només per augmentar l'eficiència, sinó per reduir l'estrès i aconseguir la consecució dels objectius. Algunes d'aquestes tècniques són:

- Tècnica Pomodoro: es treballa en intervals de 25 minuts seguits, amb un breu descans de 5. Després de quatre intervals, es pren un descans més llarg.

- Bloqueig de temps: es divideix el dia en blocs de temps, dedicats a tasques específiques o tipus de feina, minimitzant la multitasca i les interrupcions.

- Mètode dels dos minuts: consisteix en el fet que, si una tasca es pot dur a terme en aquest temps o en menys, cal fer-la immediatament.

Una altra estratègia és delegar les tasques; per a això, s'identifiquen les tasques delegables i la persona a qui se li assignarà aquesta tasca. Però cal assegurar-se que aquesta persona sigui l'adient, és a dir, que disposi de les habilitats i recursos necessaris per completar-la.

És important eliminar les distraccions, creant un ambient de treball adequat i organitzat i controlant l'ús de les tecnologies, ja sigui limitant el temps d'accés a xarxes socials durant el temps de treball o desactivant les notificacions quan es treballa. S'han d'introduir pauses durant la feina, amb descansos regulars, amb la finalitat de mantenir la concentració, així com practicar alguna mena d'activitat física, ja sigui algun exercici o moviment, per millorar la productivitat. És convenient revisar regularment el progrés i ajustar els plans, així com identificar aquelles estratègies que han funcionat millor en la gestió del temps.

2.4.2 Aplicació d'estratègies de regulació emocional

Es tracta de tècniques i mètodes utilitzats per manejar i modificar les respostes emocionals. Són essencials tant en l'àmbit personal com en el professional per poder mantenir l'equilibri emocional, prendre decisions racionals i millorar les relacions interpersonals.

Algunes de les estratègies són:

- Reavaluació cognitiva, que consisteix a reinterpretar una situació per canviar-ne el significat emocional, com aprendre d'una frustració.

- Meditació, per reduir l'estrès i millorar l'autoobservació.

- Modificació de l'entorn, per reduir l'exposició a desencadenants emocionals.

- Millora de la manera d'expressar les emocions i d'escoltar els altres. Es tracta de practicar la comunicació assertiva i l'escolta activa.

- Realització de tècniques de relaxació, per reduir la tensió física i emocional.

- Establiment de fites realistes i objectius assolibles, per evitar la frustració i l'estrès.

- Redacció d'un diari d'emocions, que ajuda a comprendre els patrons emocionals i a trobar-hi solucions.

- És important buscar suport professional per desenvolupar estratègies de tipus personalitzat.

EXERCICI 4

L'Anna treballa de tècnic d'edificació i obra civil i s'enfronta a alts nivells d'estrès a causa de la seva gran responsabilitat i els terminis ajustats. Decideix aplicar diverses estratègies de regulació emocional. Posa un exemple de cadascuna de les estratègies utilitzades.

2.5 ELS CONFLICTES I LA SEVA GESTIÓ A TRAVÉS DE LA INTEL·LIGÈNCIA EMOCIONAL

Davant d'un conflicte personal o professional, és crucial tenir l'habilitat de saber-lo gestionar. Per això, la intel·ligència emocional exerceix un paper primordial en aquesta gestió, ja que permet comprendre i manejar les emocions alienes i pròpies d'una manera efectiva.

2.5.1 Tipus de conflictes

Els conflictes poden classificar-se atenent les seves característiques, les parts involucrades i la natura del desacord:

- **Conflictes interpersonals:** sorgeixen entre persones per discrepàncies d'opinió, interessos, valors o personalitats. El més comú són les discussions de feina per disputes en projectes o plans.

- **Conflictes intrapersonals:** són conflictes interns que experimenta un individu amb si mateix. Seria el cas

sorgit davant la disjuntiva de si acceptar o no una oferta de treball que impliqui un trasllat de domicili familiar

- **Conflictes intergrupals:** es desenvolupen entre diferents grups o equips dins d'una organització, com les discussions entre departaments davant una nova idea o estratègia a adoptar.

- **Conflictes intragrupals:** s'originen dins d'un mateix grup o equip. Així, acostuma a ser habitual la discussió dins d'un equip de treball sobre la distribució de les tasques.

2.5.2 Intel·ligència emocional i gestió de conflictes

Es parteix de la base que la intel·ligència emocional es compon de diverses competències clau. Mitjançant la intel·ligència emocional es pot facilitar la gestió efectiva dels conflictes. Les competències clau són les següents:

L'autoconsciència, mitjançant la qual s'identifiquen les emocions davant un conflicte i es fa comprendre com afecten les decisions o reaccions.

L'autoregulació, que comporta mantenir la calma i no donar respostes impulsives davant situacions conflictives.

La motivació, que permet a l'individu mantenir una actitud positiva i buscar solucions constructives.

L'empatia; comprendre els sentiments i emocions dels altres facilita la resolució de conflictes i redueix la tensió.

Les habilitats socials; la comunicació efectiva i la negociació per resoldre conflictes fomenten la construcció de relacions sòlides.

Per això, la gestió efectiva de conflictes a través de la intel·ligència emocional no només resol desacords, sinó que enforteix les relacions i millora la col·laboració. Per aconseguir-ho, s'aplica un seguit d'estratègies amb les quals gestionar els conflictes de manera constructiva i trobar, alhora, solucions que beneficiïn totes les parts involucrades.

Figura 2.2 Estratègies per a la gestió de conflictes.

ESTRATÈGIES	APLICACIÓ
Comunicació oberta i efectiva	Fomentar el diàleg obert, mitjançant l'escolta activa
Cerca de l'entesa comuna	Mitjançant interessos i objectius comuns, construir una solució mútuament acceptable

Figura 2.2 (Continuació).

ESTRATÈGIES	APLICACIÓ
Ús del «jo» en la comunicació	Utilitzar afirmacions en primera persona, com «jo sento», en lloc de «tu vas fer». Això evita que l'altra persona es posi a la defensiva
Exploració d'opcions creatives	Mitjançant una pluja d'idees, trobar solucions innovadores
Compromís i flexibilitat	Indicar els aspectes negociables i estar disposat a cedir
Tècniques de mediació	Utilitzar un tercer neutral per facilitar la resolució del conflicte

EXERCICI 5

Analitza el supòsit següent aplicant-hi estratègies de gestió de conflictes mitjançant la intel·ligència emocional: «En Lluís i la Clara són membres d'un equip de treball de desenvolupament d'un producte. En Lluís prefereix un enfocament conservador amb el qual es minimitzen els riscos, mentre que la Clara vol provar una solució innovadora que podria diferenciar el producte en el mercat».

Repte professional

Duu a terme una simulació o *role-playing* en un equip de treball d'una empresa que travessa un conflicte, mitjançant un petit grup de tres alumnes que assumiran els rols següents: treballador exigent i detallista, treballador flexible i cap d'equip. Tots hauran de defensar les seves postures i arribar a un acord.

Mapa conceptual

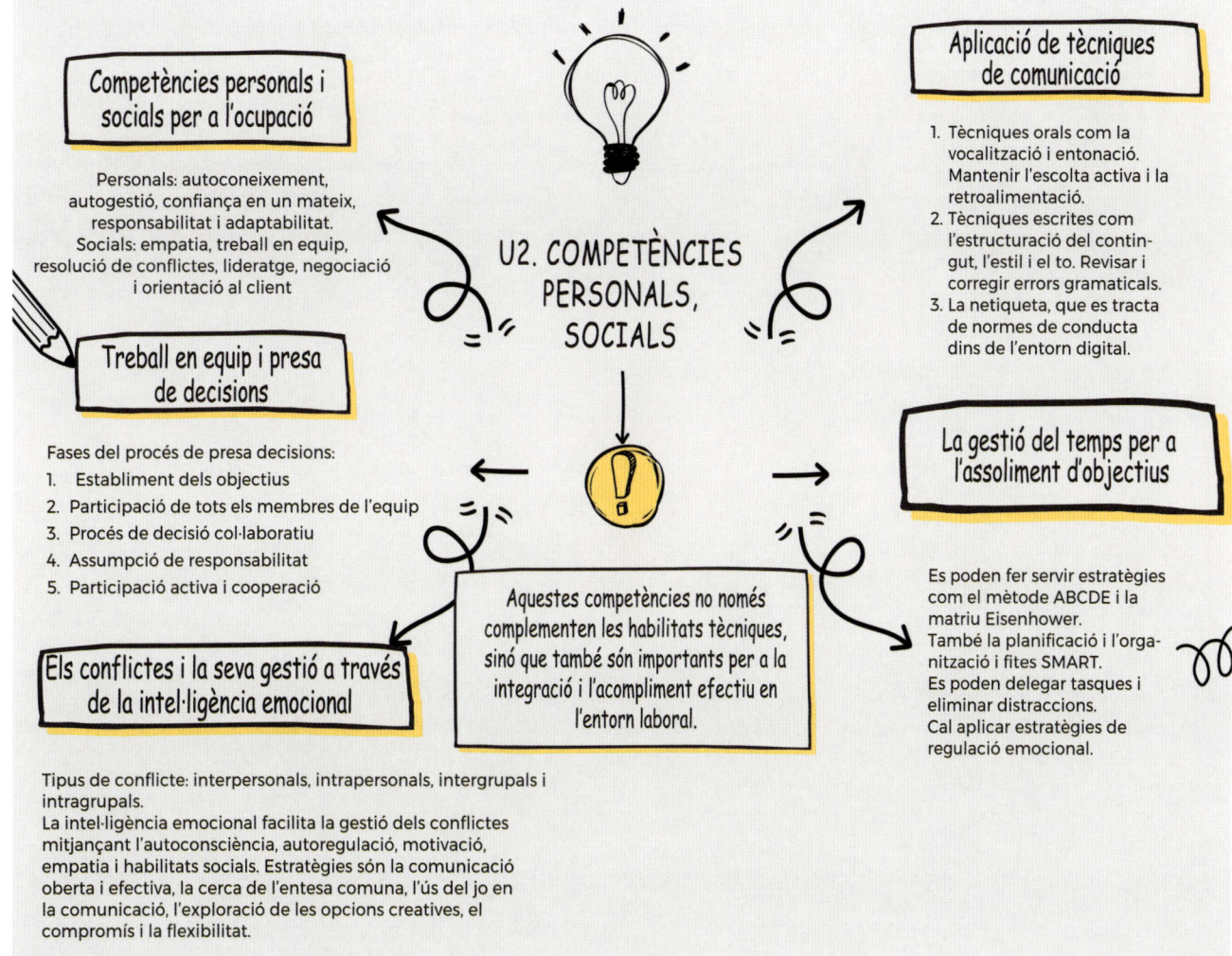

Figura 2.3 Mapa conceptual de la unitat 2, «Competències personals, socials i emocionals».

- Les competències personals i socials són fonamentals per a l'ocupabilitat en qualsevol sector d'activitat: complementen les habilitats tècniques i es mostren importants per a la integració i l'acompliment efectiu en l'entorn laboral.

- El treball en equip és essencial en la major part dels entorns laborals moderns, ja que fomenta la col·laboració, la creativitat i l'eficiència. Són fases del procés l'establiment d'objectius, la participació de tots els membres, el procés de decisió col·laboratiu, l'assumpció de responsabilitat, la participació i la cooperació.

- La comunicació efectiva esdevé fonamental per establir relacions. És important l'assertivitat i l'escolta activa, així com la incorporació de tècniques de comunicació i presentació, tant escrites com orals. Però, per poder adaptar-se a les diferents situacions, s'ha de conèixer el context.

- La netiqueta, dins de l'entorn digital, conforma un conjunt de normes i comportaments que es recomanen per interactuar de manera respectuosa i adequada a Internet i altres entorns digitals.

- Per augmentar la productivitat, aconseguir els objectius de manera eficient i, per tant, reduir l'estrès, s'ha de gestionar el temps. Per fer-ho, es poden fer servir estratègies com el mètode ABCDE i la matriu d'Eisenhower. Les estratègies de regulació emocional són tècniques utilitzades per manejar i modificar les respostes emocionals. Una altra estratègia consisteix en la planificació i l'organització, creant una llista de tasques pendents per ajudar a visualitzar-les. També cal establir fites SMART, així com delegar les tasques i eliminar les distraccions. És important, igualment, l'aplicació d'estratègies de regulació emocional, ja que són tècniques i mètodes utilitzats per manejar i modificar les respostes emocionals.

- Davant un conflicte, esdevé crucial comptar amb prou habilitat per saber gestionar-lo. Els conflictes es classifiquen en interpersonals, intrapersonals, intergrupals i intragrupals.

- Les competències clau de la intel·ligència emocional per a la gestió de conflictes són l'autoconsciència, l'autoregulació, la motivació, l'empatia i les habilitats socials. Són estratègies per a la gestió de conflictes la comunicació oberta i efectiva, la cerca de l'entesa comuna, l'ús del «jo» en la comunicació, l'exploració d'opcions creatives, el compromís i flexibilitat i les tècniques de mediació.

TEST D'AVALUACIÓ

1. **Són competències personals:**
   a) L'autoconeixement i l'autogestió.
   b) La confiança en un mateix, la responsabilitat i l'adaptabilitat.
   c) Cap no és correcta.
   d) Totes són correctes.

2. **Són competències socials:**
   a) La comunicació efectiva i l'empatia.
   b) La confiança en un mateix, la responsabilitat i l'adaptabilitat.
   c) L'autoconeixement i l'autogestió.
   d) Cap no és correcta.

3. **Perquè un equip pugui assolir les seves metes de manera eficient i efectiva, així com prendre decisions:**
   a) No fa falta gestionar els conflictes.
   b) Ha de definir els seus objectius i fomentar una comunicació oberta.
   c) No es necessita la retroalimentació.
   d) Cap no és correcta.

4. **Són fases del procés de presa de decisions de l'equip de treball:**
   a) Establir objectius.
   b) Liderar una participació i decisió col·laborativa.
   c) Assumir responsabilitats i participar de manera activa.
   d) Totes les anteriors.

5. **Són tècniques de comunicació:**
   a) La vocalització i entonació i el llenguatge corporal.
   b) La redacció clara i organitzada en l'estructuració del contingut.
   c) Totes són correctes.
   d) Cap no és correcta.

6. **La netiqueta és:**
   a) Un procés estratègic, que permet posicionar-se de manera efectiva en el camp professional i destacar entre la competència.
   b) Un procés clau, que permet posicionar-se de manera efectiva en el camp professional i destacar entre la competència.
   c) Un conjunt de normes i comportaments recomanats per interactuar de manera respectuosa i adequada en els entorns digitals.
   d) Cap no és correcta.

7. **El mètode ABCDE és:**
   a) Una estratègia per establir prioritats, per la qual es divideixen les tasques en quatre quadrants.
   b) Una estratègia per establir prioritats, per la qual es divideixen les tasques en cinc categories.
   c) Una estratègia per establir prioritats, per la qual es divideixen les tasques en cinc quadrants.
   d) Una estratègia per establir prioritats, per la qual es divideixen les tasques en quatre categories.

8. **Un conflicte intrapersonal:**
   a) És un conflicte intern, que experimenta un individu amb ell mateix.
   b) És un conflicte entre persones per discrepàncies.
   c) És un conflicte entre grups en una organització.
   d) Cap no és correcta.

9. **Un conflicte interpersonal:**
   a) És el mateix que un conflicte intrapersonal.
   b) És no estar conforme amb les idees adoptades en l'equip de treball.
   c) És no estar conforme amb la distribució de les tasques en l'equip de treball.
   d) Cap de les anteriors.

10. **La intel·ligència emocional es compon de diverses competències clau que:**
    a) Faciliten la gestió efectiva dels conflictes.
    b) Algunes de les competències són l'autoconsciència, l'autoregulació, la motivació, l'empatia i les habilitats socials.
    c) Enforteixen les relacions i milloren la col·laboració.
    d) Totes les anteriors.

ACTIVITAT 1

Elabora un quadre sinòptic en què destaquis les teves competències personals i socials en un lloc de treball en un sector d'activitat. Pots ajudar-te de plantilles de quadres sinòptics gratuïtes com:

https://www.canva.com/

ACTIVITAT 2

Practica, en parelles, una presentació breu sobre tu mateix fent servir tècniques orals de comunicació i, posteriorment, avalua la teva parella utilitzant una escala de valoració de l'1 al 5, amb la qual es valorin la vocalització i entonació, el llenguatge corporal i l'escolta activa.

ACTIVITAT 3

Davant el següent supòsit pràctic, determina la prioritat de les tasques utilitzant el mètode ABCDE:

«En Joan, propietari d'un taller de reparació de components elèctrics, té un dia ple d'activitats. Necessita prioritzar les seves tasques de manera efectiva per complir amb les demandes dels clients i gestionar el temps de manera òptima. Les tasques del dia són les següents:

1. Reparar un component elèctric clau per a una empresa que el necessita urgentment per a la seva operació (data de lliurament: demà).

2. Trucar a un proveïdor per resoldre un problema amb el subministrament de peces, la qual cosa afecta la reparació d'altres feines.

3. Atendre un nou client, que ve sense cita a preguntar sobre els serveis.

4. Revisar i respondre correus electrònics, alguns dels quals són de clients amb consultes generals.

5. Delegar al seu assistent el seguiment d'una comanda de peces per a una reparació no urgent».

U 3

Habilitats emprenedores en els processos d'innovació i recerca sostenible

En aquesta unitat estudiaràs:

- Habilitats emprenedores, concepte i tipus d'emprenedoria.
- Innovació relacionada amb sostenibilitat i benestar.
- Anàlisi de metodologies per emprendre.
- Innovació com a font d'ocupació i benestar.
- Desenvolupament d'habilitats emprenedores.
- Treball col·laboratiu aplicat.
- Competència digital per millorar processos innovadors.
- Sostenibilitat integrada en l'estratègia empresarial.

Amb el teu estudi seràs capaç de:

- Relacionar la innovació amb una societat sostenible.
- Analitzar metodologies d'emprenedoria i el seu impacte en ocupació i benestar.
- Fomentar habilitats emprenedores integrals.
- Aplicar el treball col·laboratiu en processos innovadors.
- Impulsar la sostenibilitat i competència digital en estratègies empresarials.

3.1 HABILITATS EMPRENEDORES EN ELS PROCESSOS D'INNOVACIÓ I RECERCA SOSTENIBLE

Les habilitats emprenedores són fonamentals per impulsar la innovació i recerca sostenible, ja que permeten als individus i organitzacions abordar desafiaments complexos, aprofitar oportunitats de negoci responsables i crear valor econòmic, social i ambiental. Per això, desenvolupen un paper essencial, ja que aquestes competències permeten als emprenedors no només desenvolupar solucions innovadores, sinó també assegurar que aquestes solucions contribueixin al benestar social i la protecció del medi ambient. Fomentar i desenvolupar aquestes habilitats és fonamental per a qualsevol emprenedor que vulgui tenir un impacte positiu i durador en el món.

3.1.1 Principals habilitats emprenedores

Les principals habilitats emprenedores realment essencials en aquests processos d'innovació i recerca sostenibles són les següents:

1. **El pensament creatiu i innovador:** ja que és clau pensar de manera creativa per poder desenvolupar solucions innovadores que promoguin la sostenibilitat, per la qual cosa es requereix crear productes, serveis i idees de negoci amb els quals minimitzar l'impacte ambiental i que responguin a necessitats emergents. És necessari participar en xarxes i comunitats d'innovació oberta, ja que permet als emprenedors col·laborar amb els altres.

GLOSSARI

La **sostenibilitat** és l'enfocament pel qual es busca satisfer les necessitats presents sense comprometre la capacitat de les futures generacions perquè satisfacin les seves pròpies necessitats. Es basa en l'equilibri entre promoure un creixement econòmic responsable, eficient i equitatiu, fomentar la justícia social i preservar el medi ambient.

2. **Una visió estratègica:** s'ha d'incorporar la sostenibilitat com a objectiu central amb una planificació a llarg termini. És important la capacitat d'adaptar-se als canvis en l'entorn, com les noves regulacions ambientals o les variacions en les preferències dels consumidors.

3. **La capacitat de resolució de problemes:** en estar davant desafiaments complexos, com la reducció de la petjada de carboni, la gestió de residus o la conservació de recursos naturals, s'ha de ser hàbil a identificar problemes, analitzar-ne les causes i establir-hi solucions efectives. Per això, és fonamental comprendre les interconnexions entre diferents elements de l'ecosistema empresarial i ambiental.

GLOSSARI

La **reducció de la petjada de carboni** es refereix al procés de disminuir la quantitat total **d'emissions de gasos d'efecte d'hivernacle** (GEH), especialment el **diòxid de carboni** (CO_2), que una persona, empresa, activitat o producte genera directament o indirectament. Aquests gasos són responsables de **l'escalfament global** i el **canvi climàtic**, per la qual cosa reduir la petjada de carboni és crucial per mitigar-ne l'impacte en el medi ambient.

APRÈN MÉS

Sobre la reducció de la petjada de carboni, visita la pàgina de la Unió Europea:

https://youth.europa.eu/get-involved/sustainable-development/how-reduce-my-carbon-footprint_es

4. **La capacitat de lideratge:** per poder liderar equips de cara a aconseguir uns objectius sostenibles, a més d'inspirar-los i mobilitzar-los, s'ha de comptar amb un lideratge ètic, ja que la presa de decisions ètiques és molt important en el context de la sostenibilitat, i cal actuar amb integritat i responsabilitat.

5. **La gestió de recursos:** és necessari un ús eficient i responsable dels recursos; per tant, cal gestionar per minimitzar el malbaratament i maximitzar l'impacte positiu de les iniciatives. És important acudir a fonts de finançament, com fons verds o inversions d'impacte, per sostenir aquestes iniciatives a llarg termini (que s'estudiaran en la unitat 5).

6. **El coneixement tècnic i científic:** els emprenedors en el camp de la innovació sostenible han d'atresorar un sòlid coneixement de les tecnologies destinades a reduir l'impacte ambiental, com les energies renovables, el reciclatge avançat i la producció neta. Per tant, dirigir i gestionar projectes d'R+D esdevé essencial per a la innovació sostenible.

Els **fons verds** o **inversions d'impacte** són tipus d'inversions orientades a generar **beneficis financers** mentre es busca **un impacte positiu en el medi ambient, la societat** o tots dos. Aquests fons permeten als inversors donar suport a projectes sostenibles i ètics que contribueixin al benestar global, mentre obtenen retorns econòmics. Exemples d'inversions en fons verds són els parcs eòlics, els panells solars, les tecnologies netes i les solucions de transport sostenible.

7. **La capacitat de *networking*:** és important mostrar-se expert a construir i mantenir xarxes de contactes que permetin accedir a recursos, coneixements i oportunitats de mercat, a més d'involucrar-se a participar en comunitats d'emprenedors, ja que facilita l'intercanvi d'idees, la col·laboració i l'accés a suport tècnic i financer.

8. **L'habilitat de comunicació:** s'ha de ser capaç de comunicar, de manera efectiva, la visió i els objectius sostenibles del projecte a públics diversos. S'ha de promoure igualment la transparència; això inclou la capacitat d'elaborar informes de sostenibilitat en què es detalli l'impacte ambiental i social de les activitats empresarials.

9. **La resiliència i perseverança:** com que sorgeixen nombrosos desafiaments, s'ha de ser resilient i perseverant per superar els obstacles i, a més, cal mantenir-se en un aprenentatge continu davant les noves tendències, tecnologies i normatives ambientals.

10. **L'orientació a l'impacte social i ambiental:** s'ha d'estar profundament compromès amb la creació de valor, tant econòmic com social i ambiental.

L'habilitat per mesurar i avaluar l'impacte social i ambiental de les iniciatives esdevé clau per assegurar que els projectes contribueixin veritablement a la sostenibilitat. Això implica establir mètriques clares i fer un seguiment continu del progrés cap als objectius d'impacte.

La Maria és una tècnica amb experiència en energies renovables. Després de diversos anys treballant per a una empresa d'energia, decideix emprendre el seu propi negoci en el sector de l'energia solar. El seu objectiu consisteix a oferir sistemes de panells solars personalitzats per a llars i petites empreses a la seva regió, on l'ús d'energies netes encara es troba en les primeres etapes. La Maria compta amb coneixements tècnics, però haurà de desenvolupar altres habilitats emprenedores per portar la seva idea a bon port.

Solució:

Creativitat: decideix oferir un servei de manteniment preventiu, amb sensors que detecten problemes abans que els clients els notin.

Capacitat d'anàlisi i presa de decisions, avaluant riscos i beneficis, per triar l'opció més adequada per a la seva situació financera i els seus objectius a llarg termini.

La Maria fomenta una cultura de col·laboració i comunicació oberta, organitzant reunions setmanals, per discutir sobre els avenços i desafiaments. A més, s'assegura que cada membre de l'equip tingui clars el seu rol i les expectatives.

La Maria demostra resiliència i adaptabilitat, buscant nous proveïdors i comunicant de manera proactiva als seus clients els canvis. Ofereix descomptes i compensacions com una mostra de bona voluntat.

Un emprenedor aplica diverses habilitats emprenedores al llarg del procés de posada en marxa i creixement del seu negoci, una petita empresa de tecnologia que ofereix solucions de programari personalitzades per a pimes. L'emprenedor identifica la necessitat de les pimes de disposar de solucions tecnològiques accessibles per gestionar inventaris i automatitzar processos de vendes, la qual cosa representa una bretxa en el mercat. Determina, almenys, tres de les habilitats emprenedores que ha de desenvolupar.

3.2 CONCEPTE D'EMPRENEDORIA I TIPUS

L'emprenedoria és un procés dinàmic, que implica la creació, desenvolupament i gestió d'un nou negoci, amb la finalitat d'oferir productes o serveis innovadors. Per tant, es refereix a l'acció d'iniciar i operar un nou negoci, combinant de manera innovadora els recursos per generar valor i satisfer necessitats del mercat. Un emprenedor/a és aquell individu que identifica una oportunitat, pren riscos calculats i posa en marxa un projecte per obtenir beneficis econòmics i/o socials.

3.2.1 Tipus d'emprenedoria

Es refereix a les diverses formes en què les persones o grups desenvolupen un negoci o iniciativa, depenent dels seus objectius, recursos, mercat i naturalesa del projecte.

Figura 3.1 Classificació dels principals tipus d'emprenedoria.

TIPUS	DEFINICIÓ	EXEMPLES
Tradicional	S'identifica una oportunitat en el mercat, es desenvolupa un producte o servei i es busca un model de negoci rendible	Una botiga de roba, una cafeteria o una empresa de consultoria
Social	Es busca resoldre problemes socials o ambientals, com la pobresa, l'educació o la sostenibilitat	Empreses que fabriquen productes amb materials reciclats, negocis que ocupen persones en situació de vulnerabilitat o *startups* que busquen millorar l'accés a l'educació en comunitats desafavorides
Tecnològic o *startup*	Es caracteritza per estar centrat en el desenvolupament de solucions tecnològiques innovadores i disruptives	Empreses de programari, aplicacions mòbils, *fintech* (tecnologia financera), intel·ligència artificial o tecnologia de *blockchain*
Corporatiu o intraprenedoria	Es busca fomentar la innovació i millorar la competitivitat des de dins de l'empresa	Un equip dins d'una gran empresa de tecnologia, que desenvolupa una nova aplicació
Verd o sostenible	S'enfoca en la creació de productes o serveis que promoguin la sostenibilitat ambiental	Empreses d'energia renovable, negocis de reciclatge, producció d'aliments orgànics o productes de baix consum energètic
De franquícies	Es compren els drets d'una franquícia ja existent. Això li permet operar sota una marca reconeguda, amb un model de negoci provat	Franquícies de menjar ràpid, com McDonald's

Figura 3.1 (Continuació).

TIPUS	DEFINICIÓ	EXEMPLES
***Freelance* o autònom**	Persona que ofereix les seves habilitats o serveis de manera independent, sense estar vinculada a una empresa fixa Els *freelancers* solen treballar per projectes i tenen flexibilitat quant als clients i el tipus de treball que realitzen	Dissenyadors gràfics, programadors, consultors, escriptors o fotògrafs independents
Escalable	El seu objectiu és crear un negoci que pugui créixer ràpidament i a gran escala, sovint amb l'ajuda d'inversió externa	Aplicacions tecnològiques com Uber o Airbnb
De petita empresa	Es tracta d'un negoci que pugui mantenir-se a llarg termini i proporcionar ingressos constants	Botigues locals, petits forns, perruqueries o negocis familiars
Digital	Es tracta de negocis que operen principalment en línia, com botigues de comerç electrònic, màrqueting digital, creació de contingut o plataformes de serveis en el web	Botigues en línia com Amazon, blogs monetitzats, *influencers* en xarxes socials o empreses que operen només a través d'aplicacions mòbils o llocs web
Amb base científica	Neixen d'una recerca científica o tecnològica. Aquests negocis acostumen a implicar innovacions en camps com la biotecnologia, la medicina o l'enginyeria i poden requerir llargs períodes de desenvolupament i validació, abans d'arribar al mercat	*Startups* de biotecnologia, empreses de desenvolupament de medicaments o innovació en tecnologies mèdiques

El *fintech*, o tecnologia financera, es refereix a l'ús de tecnologies innovadores per oferir serveis financers de manera més eficient, ràpida i accessible. Un exemple seria, en el cas de banca digital, **Revolut**, que opera sense sucursals físiques i, en el cas de pagaments electrònics, serveis com PayPal.

La tecnologia de *blockchain*, o cadena de blocs, és una tecnologia que permet l'emmagatzematge i verificació de dades de manera segura, transparent i descentralitzada, i està transformant sectors com les finances, la logística, els governs i més. Exemples serien l'ús de criptomonedes, com el bitcoin, o casos com les votacions electròniques, usades per alguns governs, per ser més segures.

EXERCICI 2

Davant els següents supòsits pràctics, determina de quin tipus d'emprenedoria es tracta:

a) Un grup d'investigadors crea una empresa que desenvolupa una nova tecnologia mèdica per diagnosticar malalties a partir d'una sola gota de sang, amb la qual cosa s'acceleren i abarateixen les anàlisis clíniques.

b) En Martí obre un forn artesanal al seu barri. El seu objectiu és oferir productes d'alta qualitat als veïns i mantenir un negoci sostenible i local.

c) En Carles és dissenyador gràfic independent. Treballa des de casa, oferint els seus serveis a diferents empreses i clients per projecte, sense estar vinculat a cap organització de manera permanent.

d) En Xavier funda una empresa que produeix envasos biodegradables fets de residus agrícoles. El seu objectiu és reemplaçar els plàstics tradicionals per alternatives sostenibles.

e) La Clara desenvolupa una aplicació mòbil amb la qual es connecta a conductors amb passatgers per compartir viatges, la qual cosa optimitza rutes i redueix la petjada de carboni en els desplaçaments.

a dir, que suposa la millora dels productes o serveis existents i, d'una altra banda, pot resultar radical, ja que comporta el canvi i transformació d'indústries senceres.

Alguns exemples d'innovació en la pràctica són el cas d'Apple, amb el seu producte iPhone, que va revolucionar la indústria dels telèfons mòbils i la manera d'interactuar de les persones amb la tecnologia, i també el cas d'Amazon, ja que va innovar sobre el model de negoci i màrqueting i va transformar la indústria al detall i el sector tecnològic amb AWS.

GLOSSARI

AWS (Amazon Web Services) és una plataforma de serveis en el núvol creada per **Amazon** que proporciona una àmplia gamma de serveis tecnològics d'àmbit global que ajuda empreses de totes les mides a ser més eficients, innovadores i competitives.

La innovació, sostenibilitat i benestar estan intrínsecament relacionats.

La **innovació i sostenibilitat**, en el cas del desenvolupament de tecnologies netes, redueixen l'impacte ambiental; per exemple, la creació de panells solars més eficients i econòmics; l'economia circular, amb empreses que transformen residus plàstics en nous productes; o l'agricultura sostenible, amb sistemes de reg per degoteig.

La **innovació i el benestar** s'aconsegueixen en la salut i medicina mitjançant el desenvolupament de teràpies genètiques i medicina personalitzada; en les tecnologies de la informació i comunicació, amb l'ús de plataformes e-learning, que permeten l'accés a l'educació des de qualsevol lloc del món; en les llars intel·ligents, es millora també la seguretat i eficiència energètica a partir de dispositius portàtils amb els quals es monitora la salut en temps real, o el teletreball, que millora la productivitat i la flexibilitat laboral.

3.3 CONCEPTE D'INNOVACIÓ I LA SEVA RELACIÓ AMB LA SOSTENIBILITAT I EL BENESTAR

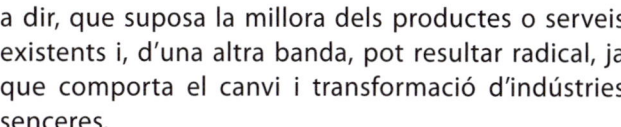

GLOSSARI

Sostenibilitat: utilització de recursos de manera responsable per no comprometre futures generacions.

Benestar social: impacte positiu en la qualitat de vida de les persones i comunitats.

La innovació és el procés d'introduir canvis significatius en productes, serveis, processos o models de negoci. El seu objectiu és millorar l'eficiència, eficàcia o valor. Aquest procés, per tant, no només es refereix a la invenció d'una cosa nova, sinó a la millora de l'existent. Per això, aquest procés pot ser incremental, és

Davant el següent projecte innovador **d'energia neta per a comunitats rurals**, en què es proposen solucions innovadores com ara panells solars portàtils, contesta les següents qüestions (pots fer-ho de manera individual, en parella o en petits grups, de tres o quatre alumnes; posteriorment, es pot comentar amb el grup-classe quines han estat les conclusions):

Quina és la idea innovadora?

Com es fomenta la sostenibilitat?

Quins beneficis socials o de benestar aporta a la comunitat?

Qui són els beneficiaris principals?

Quins recursos es necessitarien per dur-la a terme?

3.4 ANÀLISI DE METODOLOGIES PER A L'EMPRENEDORIA I LA IMPORTÀNCIA DE LA INNOVACIÓ COM A FONT DE CREACIÓ D'OCUPACIÓ I BENESTAR SOCIAL

L'anàlisi de metodologies per a l'emprenedoria implica utilitzar i examinar mètodes o estratègies, que guien en el procés de creació i desenvolupament d'una empresa o projecte. Aquestes metodologies ajuden els emprenedors a transformar una idea en un negoci viable gestionant el risc, maximitzant recursos i assegurant el creixement sostenible.

Figura 3.2 Classificació de les metodologies per a l'emprenedoria.

METODOLOGIES	DESCRIPCIÓ
Lean startup	Es desenvolupen productes o serveis de manera ràpida i eficient, amb la finalitat d'adaptar-se a les necessitats del mercat
	Exemple: **Dropbox**, l'empresa d'emmagatzematge en el núvol. Va crear un vídeo en què se simulava el procés d'emmagatzemar i accedir a arxius en el núvol, sense que el producte estigués realment construït. Es va utilitzar un enfocament *lean* per validar la idea amb el mínim esforç i recursos possibles

Figura 3.2 (Continuació).

METODOLOGIES	DESCRIPCIÓ
Design thinking	Es dissenyen solucions innovadores, amb les quals realment es resolguin problemes rellevants per als usuaris
	Exemple: utilitzat per **Airbnb** per millorar la seva plataforma i experiència d'usuari. Es van adonar que les fotos dels apartaments i habitacions a la plataforma eren de baixa qualitat i no s'hi mostraven bé els espais. Van decidir posar-se en el lloc dels usuaris (propietaris i viatgers) per entendre les seves necessitats, per la qual cosa hi van enviar fotògrafs professionals
Business Model Canvas	És una eina visual que permet dissenyar i analitzar models de negoci de manera estructurada. Consisteix en un llenç dividit en nou blocs en què es descriuen els aspectes clau d'un negoci: proposta de valor, segments de clients, canals de distribució, relació amb clients, fonts d'ingressos, recursos clau, activitats clau, socis clau i estructura de costos
	Exemple: s'utilitza per planificar un model de negoci
Metodologia Scrum	Metodologia àgil, usada principalment en el desenvolupament de programari, però que també pot aplicar-se en altres tipus de projectes emprenedors
	Exemple: Spotify, per millorar i desenvolupar contínuament la seva plataforma de música en *streaming*, amb alta velocitat de desenvolupament, permet que nous llançaments i actualitzacions siguin implementats de manera constant
Six Sigma	Orientada a la millora de processos i la reducció d'errors, es basa en l'anàlisi estadística i en la presa de decisions fonamentada en dades
	Exemple: General Electric, que va aconseguir reduir dràsticament els defectes en la producció de motors d'avió, la qual cosa va suposar una millora significativa en la qualitat del producte

Figura 3.2 (Continuació).

METODOLOGIES	DESCRIPCIÓ
Stage-Gate	Es divideix el desenvolupament d'un producte en diverses **fases (stages)**, cadascuna seguida d'un punt de **decisió (gate)**. En cada *gate*, els directius revisen el progrés, analitzen si el projecte compleix amb els criteris necessaris i decideixen si ha de continuar, ajustar-se o cancel·lar-se
	Exemple: Procter & Gamble, també coneguda com a P&G, és una empresa multinacional estatunidenca de béns de consum
Effectuation	Es prioritzen els recursos que ja tenen i es busca maximitzar el control de l'entorn, en lloc de predir el futur. Es basa en cinc principis: mitjans disponibles, pèrdues acceptables, cocreació, palanquejament i flexibilitat
	Exemple: Sara Blakely no tenia experiència en la indústria tèxtil ni en la creació d'empreses, però va utilitzar els principis d'**Effectuation** per convertir la seva idea en un negoci multimilionari. Va partir amb un pressupost limitat i sense un pla de negocis tradicional, però va confiar en els seus recursos, connexions i capacitat per adaptar-se i aprofitar les oportunitats emergents. És la fundadora de **Spanx**, una marca líder en roba de modelatge femení

En conclusió, les anteriors metodologies el que fan és proporcionar enfocaments clars i estructurats per tirar endavant un projecte emprenedor de manera efectiva, adaptant-se a diferents tipus d'emprenedories i escenaris de mercat.

EXERCICI 4

Una emprenedora decideix llançar una línia de snacks saludables dirigits a persones amb estils de vida actius. Vol assegurar que el producte no només sigui nutritiu, sinó també deliciós i accessible. Determina quina metodologia utilitzaria i fonamenta el motiu d'aquesta elecció.

3.4.1 La importància de la innovació com a font de creació d'ocupació i benestar social

La innovació és crucial en la creació d'ocupació i en el benestar social, com s'ha comentat anteriorment, ja que actua com a motor de creixement econòmic i millora de la qualitat de vida.

La innovació impulsa la creació de noves indústries i sectors i, per tant, la demanda de noves ocupacions en àrees emergents, per exemple en el cas de la indústria d'energies renovables.

A més, s'han transformat els sectors tradicionals adaptant-los a noves demandes i tecnologies, com en l'agricultura de precisió, que ha transformat la manera en què es conreen els aliments, utilitzant dades i tecnologia per millorar la productivitat i la sostenibilitat mitjançant sensors i drons i fent servir el *big data* i l'anàlisi predictiva, amb la qual cosa els agricultors poden predir problemes potencials i optimitzar les pràctiques agrícoles.

La innovació millora la qualitat de vida en àrees com la salut, l'educació i els serveis socials, com ara els avenços en la tecnologia mèdica, que han fet que els tractaments siguin més efectius i accessibles; també en el cas de les tecnologies de la informació, en facilitar que el coneixement i la comunicació arribin a més persones.

La innovació comporta un impacte en la sostenibilitat, ja que les empreses innovadores lideren el camí cap a l'economia circular, l'energia neta i la reducció del malbaratament. Així, les empreses que innoven amb un enfocament de responsabilitat social poden contribuir a la reducció de desigualtats i a la millora del benestar general.

EXEMPLE 2

L'empresa de gelats Ben & Jerry's no només contribueix a la reducció de desigualtats socials i econòmiques, sinó que també promou la justícia i equitat en la cadena de subministrament global i en les comunitats locals, ja que inclou accions de responsabilitat social.

Solució:

Promou la inclusió i la diversitat mitjançant la contractació d'empleats diversos, provinents de diferents cultures, ètnies, nacionalitats, edats, nivells econòmics o gènere, amb la finalitat que se sentin valorats.

Fa donacions i participa en iniciatives locals, amb les quals busca millorar les condicions de vida de les comunitats desafavorides.

Ha pres, així mateix, una postura pública en contra del racisme sistèmic i ha donat suport a moviments i campanyes per combatre la injustícia social.

La marca es compromet a utilitzar ingredients de comerç just.

Secunda igualment programes educatius, amb els quals es busca empoderar a joves i comunitats marginades, brindant-los accés a recursos i oportunitats que podrien estar fora del seu abast.

EXERCICI 5

Entra en la pàgina web de Mercadona: https://info.mercadona.es/es/cuidemos-el-planeta/compromiso-sostenible

Determina les accions de responsabilitat social en relació amb la sostenibilitat i el medi ambient, i pel que fa a polítiques de compres responsables.

3.4.2 Desenvolupament d'habilitats emprenedores en totes les dimensions

Es tracta d'enfortir un seguit de competències essencials que permeten emprendre i gestionar projectes. El desenvolupament d'aquestes habilitats farà que els emprenedors s'enfrontin amb èxit als desafiaments i a les oportunitats en els seus projectes.

Figura 3.3 Classificació de les principals dimensions amb les seves habilitats.

DIMENSIONS	HABILITATS
Dimensió personal	Autoconfiança: creure en un mateix i en la capacitat de dur a terme un projecte
	Resiliència: tenir capacitat per fer front al fracàs, adaptar-se a situacions adverses i aprendre dels errors
	Creativitat: desenvolupar idees innovadores per solucionar problemes o millorar productes/serveis
	Visió: tenir una idea clara del futur del projecte o empresa i les fites a aconseguir
Dimensió social	Habilitats de comunicació: saber expressar idees de manera clara i persuasiva, tant en l'àmbit personal com professional
	Treball en equip: col·laborar efectivament amb els altres, delegar tasques i aprofitar les fortaleses de l'equip
	Networking: establir i mantenir relacions amb altres professionals, clients, inversors i socis potencials
	Lideratge: guiar i motivar un equip cap a l'assoliment dels objectius de l'empresa

Figura 3.3 (Continuación).

DIMENSIONS	HABILITATS
Dimensió estratègica	Planificació i organització: establir fites clares, definir estratègies i estructurar la feina per aconseguir-les
	Presa de decisions: avaluar opcions de manera crítica i prendre decisions oportunes en benefici del projecte
	Gestió del temps: prioritzar tasques i gestionar el temps de manera eficient per maximitzar la productivitat
	Innovació: estar obert al canvi i a buscar constantment noves maneres de fer les coses millor
Dimensió financera	Gestió financera: tenir habilitats per administrar pressupostos, controlar els costos i manejar els ingressos
	Inversió i finançament: conèixer les opcions de finançament disponibles i com accedir-hi (inversors, préstecs, capital de risc, etc.)
	Control de riscos: identificar, avaluar i mitigar els riscos financers i operatius del projecte
Dimensió tecnològica	Competència digital: utilitzar eines tecnològiques per a la gestió del negoci (programari de gestió, anàlisi de dades, màrqueting digital, etc.)
	Innovació tecnològica: aprofitar noves tecnologies per millorar productes, processos o experiència del client
	Comerç electrònic: conèixer plataformes digitals per vendre productes o serveis en línia
Dimensió sostenible i ètica	Sostenibilitat: adoptar pràctiques que minimitzin l'impacte ambiental i promoguin la responsabilitat social
	Responsabilitat social: assegurar-se que el negoci contribueixi, de manera positiva, a la societat, secundant iniciatives locals i respectant els drets dels treballadors.
	Ètica en els negocis: prendre decisions que reflecteixin valors ètics i transparents en la gestió del negoci
Dimensió adaptativa	Capacitat d'aprenentatge continu: actualitzar-se constantment en coneixements, habilitats i tendències de mercat
	Flexibilitat: ser capaç de canviar estratègies o enfocaments, quan les circumstàncies ho requereixin
	Gestió del canvi: implementar canvis en el negoci de manera efectiva i sense afectar negativament l'equip o els clients

És important fomentar el treball en equip dins d'una organització i aprofundir en una **cultura d'innovació**, per valorar-ho i promoure-ho, així com reconèixer i recompensar els esforços col·laboratius, amb la finalitat de motivar.

Un exemple de **treball col·laboratiu** és la creació d'un **nou producte** en una empresa; per dur-lo a terme, se seguirien les fases següents:

Primer: s'ha de crear un equip multidisciplinari entre membres de diferents departaments. Cadascun té un rol específic, però tots col·laboren cap a un objectiu comú.

Segon: es distribueixen les tasques.

Tercer: es preparen reunions periòdiques, per compartir el progrés, els problemes i les noves idees.

Quart: s'implementen proves i millores contínues mitjançant la col·laboració, per tal de detectar errors, recopilar comentaris dels usuaris i fer millores. El treball col·laboratiu permet que les solucions arribin més de pressa, ja que tots estan alineats i en comunicació constant.

3.5 APLICACIÓ DEL TREBALL COL·LABORATIU PEL DESENVOLUPAMENT DEL PROCÉS D'INNOVACIÓ

El treball col·laboratiu influeix, de manera essencial, en el desenvolupament del procés d'innovació, ja que la col·laboració fa que flueixin idees entre diferents persones i disciplines. Això fa que sorgeixin més solucions innovadores i efectives; així, mètodes com el *brainstorming* (pluja d'idees) en equip, les sessions de *design thinking* o els tallers de cocreació són eines molt útils.

Quan es tracta del desenvolupament de prototips, la integració de coneixements tècnics i creatius es duu a terme per mitjà de la col·laboració d'equips de treball, formats per enginyers, dissenyadors i experts en màrqueting, que treballen junts perquè el prototip sigui tècnicament viable. A més, aquests equips, davant un desafiament, poden arribar a una solució més innovadora, ja que intercanvien informació que facilita la resolució de problemes de manera més eficient i amb menys recursos. També hi ha una coordinació de recursos, tant humans com materials, i, davant una gestió de canvi, quan s'introdueix una innovació, tots els involucrats esmentats anteriorment col·laboren per comunicar i adaptar l'organització a la nova realitat.

Després de la implementació d'una innovació, cal una avaluació per recopilar el *feedback* de diverses fonts, com ara clients, empleats, socis, etc., per tal d'identificar les àrees de millora, ja que es tracta d'un cicle de millora contínua.

3.6 DESENVOLUPAMENT DE LA COMPETÈNCIA DIGITAL PER A LA MILLORA DELS PROCESSOS D'INNOVACIÓ I RECERCA EN LA MODERNITZACIÓ DEL SECTOR PRODUCTIU

La digitalització optimitza l'eficiència i la productivitat i obre noves oportunitats a la innovació disruptiva i la recerca avançada.

La innovació disruptiva és un tipus d'innovació per la qual s'introdueix un producte, servei o model de negoci que transforma radicalment un mercat, desplaçant o reemplaçant les empreses, productes o tecnologies existents. Un exemple és el cas de Netflix, que va començar com un servei de lloguer de DVD per correu, un model més convenient que les botigues físiques com Blockbuster. Posteriorment, la seva plataforma de streaming va desplaçar per complet el negoci tradicional de lloguer de pel·lícules i va transformar la indústria de l'entreteniment.

Això és degut al fet que la digitalització permet l'automatització en els processos de producció, que allibera temps i recursos perquè els equips de treball es dediquin a activitats de més valor afegit, com la innovació i recerca, mitjançant la integració de tecnologies, com la Internet de les coses (IoT) o la intel·ligència artificial (IA) en les cadenes de producció.

GLOSSARI

El IoT (*Internet of things*) es refereix a la interconnexió d'objectes quotidians a través d'Internet, que permet que en aquests dispositius es recopilin, comparteixin i processin dades entre si i amb altres sistemes. Aquests objectes o dispositius, que poden anar des d'electrodomèstics fins a maquinària industrial, estan equipats amb sensors, programari i altres tecnologies, que els permeten comunicar-se, sense intervenció humana directa.

D'altra banda, l'accés a dades i l'anàlisi avançada són una competència digital clau, ja que permeten, mitjançant l'anàlisi de *big data*, que les empreses obtinguin informació sobre tendències de mercat, comportaments dels consumidors i eficiència operativa. A més, per mitjà de models predictius, s'anticipen a canvis en el mercat, necessitats del consumidor i possibles fallades en la producció. Un exemple d'eines digitals són plataformes de col·laboració com Microsoft Teams, Slack o Trello, que faciliten el treball en equip i la cocreació d'idees, independentment de la ubicació geogràfica. Aquestes eines permeten una comunicació fluida, l'intercanvi de documents i la gestió de projectes en temps real.

GLOSSARI

Microsoft Teams, **Slack** y **Trello** són eines digitals:

Microsoft Teams: es tracta d'una plataforma de comunicació i col·laboració desenvolupada per Microsoft Teams. Integra xat, videotrucades, reunions i possibilitat de compartir arxius en temps real.

Slack: és una eina de missatgeria enfocada a la col·laboració en equip.

Trello: constitueix una eina de gestió de projectes basada en taulers visuals que permeten organitzar tasques en columnes.

Les competències digitals permeten a les empreses involucrar-se en processos d'innovació oberta en què es poden aprofitar idees externes a l'organització. Plataformes de *crowdsourcing* i d'innovació oberta, com InnoCentive o Kaggle, permeten a les empreses col·laborar amb una comunitat global d'experts i desenvolupar solucions innovadores.

GLOSSARI

El *crowdsourcing* és un model de treball col·laboratiu en el qual una organització, empresa o individu obté idees, serveis o contingut d'un grup gran de persones, generalment a través d'una plataforma en línia.

InnoCentive i Kaggle són plataformes en línia amb les quals es fomenten la col·laboració i el desenvolupament de solucions innovadores a problemes complexos mitjançant la participació de comunitats globals d'experts i professionals.

EXEMPLE 4

Una *startup* vol crear una aplicació mòbil que faciliti el reciclatge en les àrees urbanes, ajudant els ciutadans a trobar punts de reciclatge pròxims, rebre recompenses per reciclar i educar sobre el maneig de residus. Per maximitzar el seu èxit, l'empresa decideix recórrer al *crowdsourcing*, amb la finalitat d'obtenir idees innovadores i millorar el desenvolupament de l'app. Com ho hauria de dur a terme?

Solució:

En primer lloc, identificarà el problema, ja que vol que la seva aplicació satisfaci les necessitats dels usuaris, però no disposa de prou dades sobre els hàbits de reciclatge.

En segon lloc, desenvoluparà una estratègia per utilitzar el crowdsourcing llançant una convocatòria oberta a plataformes especialitzades, com Innocentive o Kaggle, demanant idees i solucions sobre com millorar l'experiència de l'usuari a l'app, quines funcions addicionals incloure-hi i com incentivar el reciclatge a través de recompenses. A canvi, oferirà premis a les millors idees, així com la possibilitat de col·laborar en el desenvolupament de l'app.

En tercer lloc, seleccionarà les millors idees i les implementarà en la versió final de l'app. Una de les propostes guanyadores inclou un mapa interactiu de punts de reciclatge, que s'actualitza gràcies a la col·laboració dels usuaris que informen sobre nous llocs.

Finalment, l'app es llançarà al mercat amb una gran acceptació, gràcies al fet que respondrà directament a les necessitats identificades pels mateixos usuaris.

Les competències digitals en l'ús de programari de simulació i modelatge 3D permeten a les empreses fer proves virtuals de nous productes abans de construir prototips físics. L'ús de tecnologies com la realitat virtual (VR) i la realitat augmentada (AR) en laboratoris digitals permet realitzar recerques i proves en entorns controlats i simulats.

Sorgeixen nous models de negoci, basats en plataformes digitals, com ara mercats en línia, serveis de subscripció i economia col·laborativa, amb la qual cosa, per mitjà d'aquestes innovacions, s'arriba a nous mercats i segments de clients. Les empreses optimitzen l'ús de recursos a través de la gestió intel·ligent de la cadena de subministrament, la reducció de desaprofitaments i l'ús eficient de l'energia.

Per tant, la constant evolució de la tecnologia requereix que les empreses inverteixin en la formació contínua dels seus empleats i en la creació d'una cultura d'innovació digital. Programes de capacitació en competències digitals, com ara anàlisis de dades, programació, ciberseguretat i gestió de la innovació digital, esdevenen essencials per mantenir els empleats actualitzats i competitius.

APRÈN MÉS

La nova Llei d'intel·ligència artificial (IA) de la Unió Europea, aprovada el 2023, és el primer marc legislatiu al món destinat a regular l'ús i comercialització dels sistemes d'IA. El seu objectiu principal consisteix a garantir que les aplicacions d'IA siguin segures, es respectin els drets fonamentals dels ciutadans i es fomenti la innovació a Europa. Aquesta llei classifica els sistemes d'IA segons el seu nivell de risc: els d'«alt risc» (com aquells en els quals es gestionen serveis essencials) han de complir amb estrictes requisits de seguretat, mentre que les pràctiques de «risc inacceptable», com el reconeixement facial massiu sense consentiment, estan prohibides. A més, la llei imposa obligacions de transparència per a aquells sistemes en els quals es manipulin contingut o emocions a través de la IA.

Visita la pàgina web de la Comissió Europea:

https://digital-strategy.ec.europa.eu/es/policies/regulatory-framework-ai

3.7 INCORPORACIÓ DELS OBJECTIUS DE LES POLÍTIQUES I INICIATIVES RELACIONADES AMB LA SOSTENIBILITAT I EL MEDI AMBIENT A L'ESTRATÈGIA EMPRESARIAL

Incorporar els objectius de les polítiques i iniciatives relacionades amb la sostenibilitat i el medi ambient a l'estratègia empresarial és essencial per assegurar la competitivitat, la responsabilitat social i l'èxit a llarg termini de qualsevol organització.

Alguns dels passos a seguir són:

- *Assegurar que l'estratègia empresarial compleix amb totes les regulacions ambientals vigents*, tant d'àmbit local com internacional. Això inclou normatives sobre emissions de carboni, gestió de residus, ús de l'aigua i protecció de la biodiversitat.

- *Alinear la seva estratègia amb els objectius de desenvolupament sostenible* (ODS), de l'Organització de les Nacions Unides (ONU), i altres marcs internacionals, com l'Acord de París.

- *Incorporar la sostenibilitat en la missió i visió de l'empresa*, és a dir, definir de quina manera l'empresa contribuirà a la sostenibilitat i com els seus productes o serveis poden tenir un impacte positiu en el medi ambient.

- *Avaluar i gestionar la seva cadena de subministrament* per assegurar que tots els proveïdors i socis compleixin amb els estàndards ambientals. Inclou el disseny de productes amb menys petjada de carboni.

- *Optimitzar les operacions* per minimitzar el consum d'energia, reduir les emissions de gasos d'efecte d'hivernacle i gestionar eficientment els recursos naturals.

- *Establir key performance indicators (KPI)*, o **indicadors clau d'acompliment**, mètriques utilitzades per empreses i organitzacions per mesurar el progrés i l'èxit en relació amb objectius específics, amb els quals calibrar l'impacte ambiental de l'empresa per avaluar el progrés i incorporar ajustos en l'estratègia. Aquests indicadors poden incloure la reducció d'emissions de CO_2, l'ús d'aigua, la gestió de residus i l'eficiència energètica.

- *Publicar informes de sostenibilitat* amb els quals documentar el seu progrés en la consecució dels objectius ambientals.

- *Fomentar una cultura de sostenibilitat* dins de l'organització per programes de formació, iniciatives de participació dels empleats en projectes sostenibles i establiment d'objectius de sostenibilitat en l'àmbit individual i departamental.

- *Treballar amb comunitats locals, ONG* i altres parts interessades per desenvolupar iniciatives que donin suport a la sostenibilitat.

- *Identificar i mitigar riscos ambientals*, com el canvi climàtic, mitjançant plans de contingència i estratègies d'adaptació que permetin respondre als desafiaments ambientals emergents.

- *Adoptar principis d'economia circular*, que inclouen la reutilització, el reciclatge i la reducció de residus.

- *Integrar tecnologies que redueixin l'impacte ambiental*, com energies renovables, tecnologies de captura de carboni i solucions d'eficiència energètica.

- Les *estratègies de màrqueting* han de reflectir els compromisos de sostenibilitat de l'empresa i comunicar de manera transparent i ètica les accions ambientals. El *greenwashing* ha d'evitar-se costi el que costi, atès que es tracta d'una pràctica de màrqueting enganyosa en la qual una empresa exagera o falsifica el seu compromís amb la sostenibilitat o el medi ambient per millorar la imatge pública, sense fer realment canvis significatius en les seves operacions.

APRÈN MÉS

L'**Agenda 2030** és un pla d'acció global adoptat per les Nacions Unides el 2015 amb l'objectiu d'abordar els desafiaments més urgents d'abast mundial, com la pobresa, la desigualtat, el canvi climàtic i la sostenibilitat. Està estructurada al voltant de **17 ODS**, que cobreixen àrees com l'erradicació de la pobresa, l'educació de qualitat, la igualtat de gènere, la protecció del medi ambient, el treball decent i la pau i justícia.

Aquests 17 objectius estan dissenyats per ser assolits de manera col·laborativa entre governs, empreses, societat civil i ciutadans l'any 2030. Els ODS no només se centren en els problemes ambientals, sinó també en la millora de la qualitat de vida de les persones en termes econòmics, socials i polítics, mitjançant la promoció d'un desenvolupament inclusiu i sostenible

Repte professional

Cerca una empresa que hagi inclòs en la seva estratègia empresarial les polítiques i iniciatives relacionades amb la sostenibilitat i el medi ambient. Posteriorment, a l'aula, presenta aquesta empresa i fonamenta la teva elecció al grup-classe.

Mapa conceptual

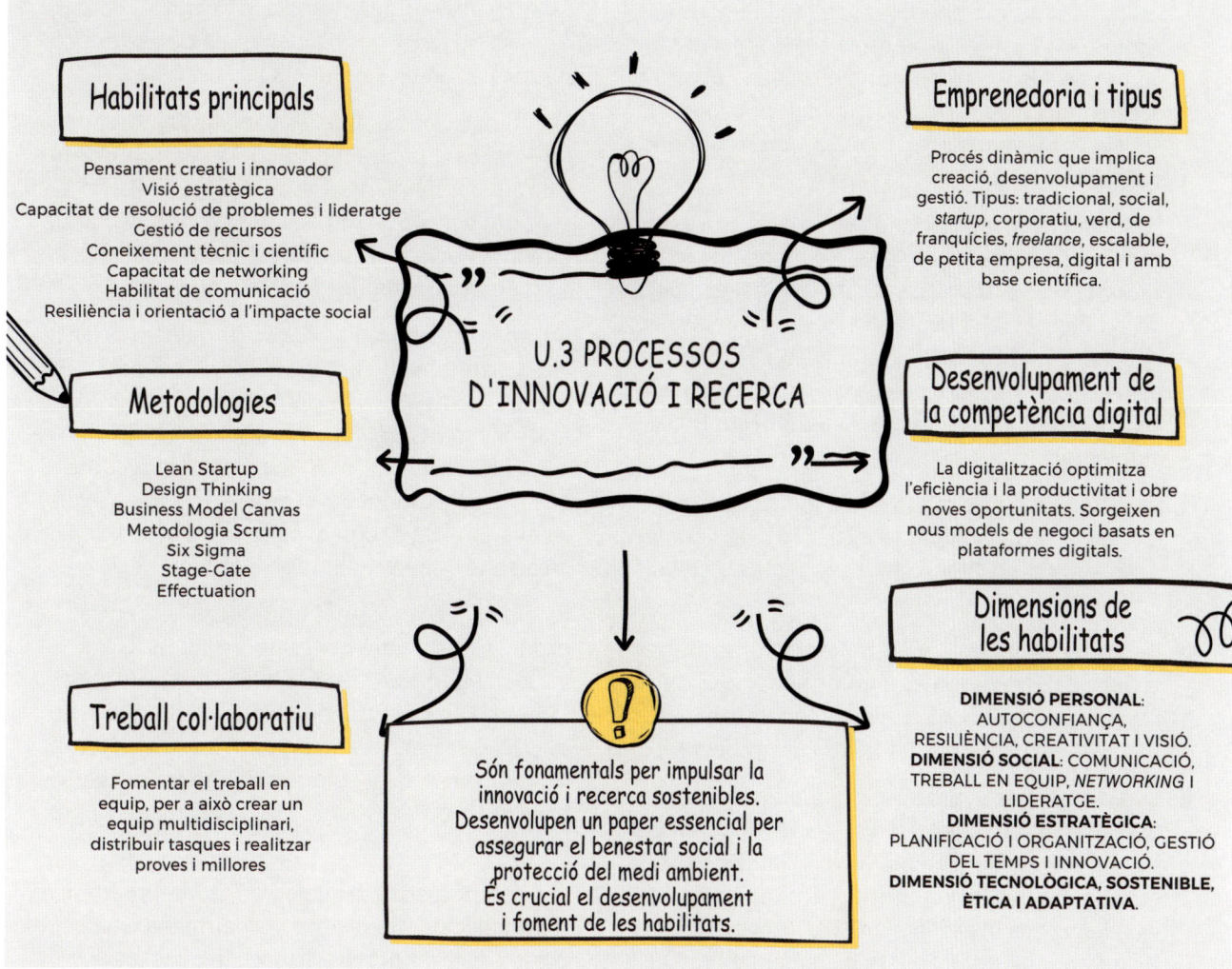

Habilitats principals

Pensament creatiu i innovador
Visió estratègica
Capacitat de resolució de problemes i lideratge
Gestió de recursos
Coneixement tècnic i científic
Capacitat de networking
Habilitat de comunicació
Resiliència i orientació a l'impacte social

Metodologies

Lean Startup
Design Thinking
Business Model Canvas
Metodologia Scrum
Six Sigma
Stage-Gate
Effectuation

Treball col·laboratiu

Fomentar el treball en equip, per a això crear un equip multidisciplinari, distribuir tasques i realitzar proves i millores

U.3 PROCESSOS D'INNOVACIÓ I RECERCA

Són fonamentals per impulsar la innovació i recerca sostenibles. Desenvolupen un paper essencial per assegurar el benestar social i la protecció del medi ambient. És crucial el desenvolupament i foment de les habilitats.

Emprenedoria i tipus

Procés dinàmic que implica creació, desenvolupament i gestió. Tipus: tradicional, social, *startup*, corporatiu, verd, de franquícies, *freelance*, escalable, de petita empresa, digital i amb base científica.

Desenvolupament de la competència digital

La digitalització optimitza l'eficiència i la productivitat i obre noves oportunitats. Sorgeixen nous models de negoci basats en plataformes digitals.

Dimensions de les habilitats

DIMENSIÓ PERSONAL: AUTOCONFIANÇA, RESILIÈNCIA, CREATIVITAT I VISIÓ.
DIMENSIÓ SOCIAL: COMUNICACIÓ, TREBALL EN EQUIP, *NETWORKING* I LIDERATGE.
DIMENSIÓ ESTRATÈGICA: PLANIFICACIÓ I ORGANITZACIÓ, GESTIÓ DEL TEMPS I INNOVACIÓ.
DIMENSIÓ TECNOLÒGICA, SOSTENIBLE, ÈTICA I ADAPTATIVA.

Figura 3.4 Mapa conceptual de la unitat 3, «Habilitats emprenedores en els processos d'innovació i recerca sostenible».

- Les habilitats emprenedores són fonamentals per impulsar la innovació i recerca sostenible, ja que permeten als individus i organitzacions abordar desafiaments complexos, aprofitar oportunitats de negoci responsables i crear valor econòmic, social i ambiental.

- Són habilitats emprenedores, en els processos d'innovació i recerca, el pensament creatiu i innovador, la visió estratègica, la capacitat de resolució de problemes, el lideratge, la gestió de recursos, el coneixement tècnic i científic, la capacitat de *networking*, l'habilitat de comunicació, la resiliència i perseverança i l'orientació a l'impacte social i ambiental.

- L'emprenedoria és un procés dinàmic que implica la creació, desenvolupament i gestió d'un nou negoci, amb la finalitat d'oferir productes o serveis innovadors.

- Els tipus d'emprenedoria són les diferents formes en les quals les persones o grups poden desenvolupar un negoci o iniciativa, depenent dels seus recursos, el mercat i la naturalesa del projecte.

- La innovació és el procés d'introduir canvis significatius en productes, serveis, processos o models de negoci. El seu objectiu és millorar l'eficiència, eficàcia o valor. Aquest procés, per tant, no només es refereix a la invenció d'una cosa nova, sinó a la millora de l'existent. Pot ser incremental i radical, depenent de la millora o de la transformació.

- Les metodologies per a l'emprenedoria ajuden els emprenedors a transformar una idea en un negoci viable, gestionant el risc, maximitzant recursos i assegurant el creixement sostenible. Són metodologies per a l'emprenedoria el *lean startup*, el *design thinking*, el Business Model Canvas, la metodologia Scrum, el Six Sigma, el Stage-Gate i Effectuation.

- La innovació impulsa la creació de noves indústries i sectors i, per tant, la demanda de noves ocupacions en àrees emergents.

- El desenvolupament de les habilitats emprenedores implica que els emprenedors s'enfrontin amb èxit als desafiaments i a les oportunitats en els seus projectes. Són dimensions de les habilitats la dimensió personal, social, estratègica, financera, tecnològica, sostenible i ètica i adaptativa.

- El treball col·laboratiu influeix, de manera essencial, en el desenvolupament del procés d'innovació, ja que la col·laboració permet que flueixin idees entre diferents persones o disciplines. Això provoca que sorgeixin més solucions innovadores i efectives. Mètodes com el *brainstorming* en equip, les sessions de *design thinking* o els tallers de co-creació són eines molt útils.

- La digitalització permet optimitzar l'eficiència i la productivitat i obre noves oportunitats a la innovació disruptiva i la recerca avançada. Contribueix també a l'automatització en els processos de producció integrant tecnologies. A més, mitjançant models predictius, es poden anticipar als canvis en el mercat, necessitats noves i fallades en la producció.

- Les competències digitals en l'ús de programari de simulació i modelatge 3D permeten a les empreses realitzar proves virtuals de nous productes abans de construir prototips físics. L'ús de tecnologies com la VR i l'AR en laboratoris digitals permet fer recerques i proves en entorns controlats i simulats.

- Incorporar els objectius de les polítiques i iniciatives relacionades amb la sostenibilitat i el medi ambient a l'estratègia empresarial és essencial per assegurar la competitivitat, la responsabilitat social i l'èxit a llarg termini de qualsevol organització.

1. Són habilitats emprenedores:

a) El pensament creatiu i innovador.

b) La resiliència i perseverança i una visió estratègica.

c) La capacitat de resolució de problemes, el lideratge i la gestió de recursos.

d) Totes són correctes.

2. L'emprenedoria és:

a) Una eina complementària.

b) Una tècnica de planificació estratègica aplicada i empleada en el context personal.

c) Un procés dinàmic, que implica la creació, el desenvolupament i la gestió d'un nou negoci.

d) Totes són correctes.

3. L'emprenedoria *startup* o tecnològica:

a) Busca resoldre problemes socials o ambientals.

b) Se centra en el desenvolupament de solucions tecnològiques, innovadores i disruptives.

c) Se centra en la creació de productes o serveis amb els quals promou la sostenibilitat ambiental.

d) Cap no és correcta.

4. L'emprenedoria verda o sostenible:

a) Fomenta la innovació des de dins de l'empresa.

b) Es tracta d'un negoci que pot mantenir-se a llarg termini i que proporciona ingressos constants.

c) Se centra en la creació de productes o serveis amb els quals es promou la sostenibilitat ambiental.

d) Totes les anteriors.

5. El *fintech*, o tecnologia financera:

a) Permet l'emmagatzematge i la verificació de dades.

b) És una tècnica de planificació estratègica aplicada i emprada en el context personal.

c) És una eina complementària.

d) Es refereix a l'ús de tecnologies innovadores per oferir serveis financers de manera eficient, ràpida i accessible.

6. Amb el *lean startup*:

a) Es dissenyen solucions innovadores, amb les quals realment resoldre problemes rellevants per als usuaris.

b) Es desenvolupen productes o serveis de manera ràpida i eficient, amb la finalitat d'adaptar-se a les necessitats del mercat.

c) Es tracta d'una eina visual, que permet dissenyar i analitzar models de negoci de forma estructurada.

d) Cap no és correcta.

7. La metodologia Scrum:

a) És una eina visual, que permet dissenyar i analitzar models de negoci de forma estructurada.

b) Fomenta el desenvolupament de productes o serveis de manera ràpida i eficient, amb la finalitat d'adaptar-se a les necessitats del mercat.

c) És una metodologia àgil, usada principalment en el desenvolupament de programari.

d) Totes són correctes.

8. El *crowdsourcing* és:

a) Un procés de suport, que permet posicionar-se de manera efectiva en el camp professional i destacar entre la competència.

b) Un procés de gestió de marca, amb el qual es duu a terme un conjunt d'accions relacionades amb el posicionament, el propòsit i els valors d'una marca.

c) Un model de treball col·laboratiu, en el qual una organització, empresa o individu obté idees, serveis o contingut d'un grup de persones.

d) Totes són correctes.

9. El *greenwashing*:

a) Ha d'evitar-se costi el que costi.

b) És una pràctica de màrqueting enganyosa.

c) No reflecteix els compromisos de sostenibilitat.

d) Totes són correctes.

10. La innovació disruptiva:

a) És un tipus d'innovació amb la qual s'introdueix un producte, servei o model de negoci que no transforma radicalment un mercat i que desplaça o reemplaça les empreses, productes o tecnologies existents.

b) És un tipus d'innovació que introdueix un producte, servei o model de negoci que transforma radicalment un mercat, però que no desplaça o reemplaça les empreses, productes o tecnologies existents.

c) És un tipus d'innovació que introdueix un producte, servei o model de negoci que transforma radicalment un mercat i que desplaça o reemplaça les empreses, productes o tecnologies existents.

d) Totes les anteriors.

ACTIVITATS

ACTIVITAT 1

Davant els supòsits pràctics següents, determina de quin tipus d'emprenedoria es tracta:

a) En Marc funda una organització que ofereix cursos de capacitació en habilitats digitals a persones desocupades amb baixos recursos, amb la finalitat d'ajudar-les a integrar-se en el mercat laboral.

b) Un grup d'empleats d'una gran empresa tecnològica crea un nou sistema d'IA que millora l'automatització dels processos interns, la qual cosa genera estalvis significatius en l'empresa.

c) La Laura decideix obrir una franquícia pertanyent a una famosa cadena de cafeteries. Compra els drets per operar sota la marca i segueix el model de negoci establert.

d) La Sofia crea una botiga en línia per vendre productes de bellesa naturals i vegans. No té botiga física, i totes les seves vendes i màrqueting es fan a través del lloc web i les xarxes socials.

ACTIVITAT 2

Davant el supòsit d'un projecte d'agricultura urbana, contesta les preguntes clau de forma breu (pots desenvolupar aquesta activitat en petits grups de tres o quatre i, després, comentar-la i debatre-la amb el grup-classe):

a) Quin és el problema o necessitat que es pretén resoldre?

b) Quina solució es proposa?

c) Qui són els beneficiaris?

d) Quin impacte tindrà la solució?

e) Quins recursos són necessaris?

f) Com es mesurarà l'èxit del projecte?

ACTIVITAT 3

Una marca de calçat esportiu vol llançar una nova línia de vambes sostenibles fetes amb materials reciclats, però vol conèixer millor les preferències del mercat per garantir l'èxit del producte. En lloc de recórrer únicament a un equip intern de dissenyadors, decideix involucrar la seva comunitat de seguidors en el procés de creació a través del *crowdsourcing*. Determina els passos que haurà de seguir (pots desenvolupar aquesta activitat en petits grups de tres o quatre i, després, comentar-la i debatre-la amb el grup-classe).

U 4

Idees emprenedores i noves oportunitats

En aquesta unitat estudiaràs:

- Idees emprenedores i noves oportunitats. La detecció de necessitats, la generació d'idees i el procés creatiu.

- El disseny d'un model de negoci i els tipus de model de negoci.

- L'anàlisi de model de balanç social.

- L'anàlisi del macroentorn i microentorn de l'emprenedor. L'anàlisi Pestel.

- Les entrevistes de problema.

- La viabilitat del model de negoci: ingressos i despeses.

- El prototipatge i la seva validació.

- El màrqueting per al desenvolupament de tècniques de comunicació i venda.

Amb el teu estudi seràs capaç de:

- Identificar problemes del públic objectiu per proposar solucions i oportunitats.

- Generar idees emprenedores mitjançant processos creatius amb valor econòmic, social o cultural.

- Dissenyar un model de negoci ètic i sostenible, considerant el balanç social.

- Analitzar l'economia circular i del bé comú com a bases per a un model equitatiu i just.

- Validar solucions i estratègies de màrqueting mitjançant prototips i tècniques de comunicació.

4.1 IDEES EMPRENEDORES I NOVES OPORTUNITATS

Després d'identificar problemes o necessitats que no estan satisfets en el mercat, l'ús de les noves tecnologies i la capacitat d'innovar en productes, serveis o processos, sorgeixen idees emprenedores i noves oportunitats, ja que aquestes se centren a buscar solucions que aportin valor als clients i puguin transformar indústries o sectors.

Alguns exemples són aquelles empreses que redueixen la petjada ambiental o promouen el reciclatge, les noves tecnologies que permeten automatitzar processos, l'auge en el comerç electrònic, aquells productes i serveis que milloren la qualitat de vida, la utilització de fonts d'energia netes i renovables, la gran demanda de l'educació en línia o l'economia col·laborativa, que continua creixent, oferint noves maneres de compartir recursos i reduir costos.

Per tant, són factors clau per identificar les noves oportunitats; aprofitar les tecnologies emergents que estan canviant indústries; detectar noves necessitats o expectatives dels clients; estar al cas d'incentius i regulacions que afavoreixin determinats sectors, com ara energies renovables o sostenibilitat, i aprofitar l'obertura de mercats internacionals i noves formes de comercialització.

4.1.1 Detecció de les necessitats de les persones destinatàries del projecte emprenedor i proposta de solucions

Es tracta d'una etapa crucial per assegurar que el producte o servei proposat respon a problemes reals i no a suposicions. Això implica efectuar una recerca exhaustiva i una interacció constant amb el públic objectiu per identificar mancances, desitjos i punts de millora. A partir d'aquí, es poden dissenyar solucions que hi afegeixin valor i siguin acceptades.

GLOSSARI

El **públic objectiu** és el conjunt de persones al qual una empresa o marca dirigeix els seus productes, serveis o campanyes de màrqueting. Es compon d'individus amb característiques comunes, com ara interessos, necessitats, demografia (edat, gènere, ubicació, etc.), hàbits de compra i comportaments que els fan ser més propensos a estar interessats pel que l'empresa ofereix.

A continuació, es presenten els passos per a la detecció de necessitats i proposta de solucions:

1.º Identificar qui són les persones destinatàries del projecte i les seves característiques demogràfiques, socioeconòmiques i de comportament. S'ha de dur a terme mitjançant enquestes, entrevistes, anàlisis de dades de mercat o observació directa; per exemple, en un projecte emprenedor enfocat en productes de tecnologia per a gent gran, es podria analitzar com interactuen amb la tecnologia i a quins problemes s'enfronten, i determinar la dificultat per fer servir telèfons intel·ligents o accedir a serveis en línia.

2.º Comprovar les necessitats explícites, que són les que manifesten obertament els clients, i les latents, que són les que els clients no expressen, però que, mitjançant l'observació directa o l'anàlisi, es detecten, a més de trobar els possibles problemes i barreres que experimenten els clients, així com els seus desitjos o expectatives.

3.º Proposar solucions, que passen per adaptar el producte o servei a les necessitats detectades i crear solucions que satisfacin les necessitats o millorin la vida, introduint-hi la innovació o fins i tot les diferents solucions adreçades a segments de mercat.

4.º Crear un model o versió inicial de la solució, provar-lo i recopilar els comentaris per ajustar la proposta i millorar-la.

5.º Si la solució és innovadora o implica un canvi en el comportament de l'usuari, és important educar el públic sobre com utilitzar el producte o servei. Cal identificar els canals més adequats per arribar al públic objectiu (xarxes socials, correu electrònic, punts de venda físics, etc.). També cal assegurar que el valor del producte o servei estigui clarament comunicat, mitjançant un missatge clar que ressalti com es resolen les necessitats específiques dels destinataris.

EXEMPLE 1

Imagina que disposes d'un projecte emprenedor per oferir solucions tecnològiques de seguretat domèstica per a gent gran. Després d'identificar que moltes persones d'edat avançada tenen dificultats per utilitzar sistemes de seguretat complexos, quina solució adoptaries?

Solució:

Es podria adoptar un sistema de seguretat simplificat, amb botons grossos, instruccions de veu clares i suport tècnic disponible 24 hores els 7 dies de la setmana.

Tot seguit, es durien a terme proves al sistema amb un grup de gent gran per obtenir retroalimentació i incorporar-hi ajustos, segons els comentaris.

Es desenvolupa un eslògan, com «simplement, sempre segurs», perquè la gent gran se senti segura a casa seva i amb una tecnologia simple i senzilla de fer servir.

Un jove emprenedor pretén dur a terme un projecte de *snacks* saludables per a persones amb intoleràncies alimentàries. Després de realitzar enquestes i entrevistes, descobreix que molts consumidors amb intoleràncies alimentàries experimenten dificultats a l'hora de trobar snacks saludables lliures de gluten o lactosa i, a més a més, atractius i variats. Determina quines solucions podria adoptar.

Per tant, la detecció de necessitats és un procés continu i repetitiu que requereix una comprensió profunda de qui són els destinataris, així com entendre les seves característiques, comportaments, problemes i desitjos. Una vegada identificades les necessitats, les solucions s'han de dissenyar de manera que ofereixin un valor clar, adaptable i fàcil d'usar i que assegurin la satisfacció del client i l'èxit del projecte emprenedor.

Es pot utilitzar com a eina eficaç per detectar necessitats el **buyer persona** o **avatar client**. Es tracta d'una representació fictícia i detallada del client ideal d'una empresa. Es construeix a partir de dades reals i informació demogràfica, psicogràfica i de comportament, amb l'objectiu de comprendre millor els consumidors i desenvolupar estratègies de màrqueting, vendes i productes més efectives. Inclou informació com ara:

- Dades demogràfiques: edat, gènere, ubicació, nivell educatiu, professió, etc.
- Objectius i motivacions: què vol aconseguir el client i què el motiva a comprar.
- Desafiaments i punts de dolor: problemes als quals s'enfronta i com el producte/servei pot resoldre'ls.
- Comportament de compra: com busca informació el client i quins factors considera abans de comprar.

El **buyer persona** permet a les empreses crear contingut i productes personalitzats que responguin millor a les necessitats específiques del públic objectiu.

Els **punts de dolor** (pain points en anglès) són els problemes, frustracions o necessitats no satisfets que experimenta un client en la seva vida personal o professional. Aquests punts de dolor conformen situacions que generen incomoditat o dificulten l'assoliment dels objectius, de manera que una empresa pot aprofitar-los per oferir solucions mitjançant els seus productes o serveis.

L'empresa EcoRide Solutions ofereix serveis de transport sostenible amb vehicles elèctrics compartits en àrees urbanes. El seu principal objectiu és atreure clients preocupats pel medi ambient i oferir una solució pràctica per al transport diari. L'objectiu és desenvolupar un perfil de buyer persona per entendre millor el seu client ideal. Primer, es duu a terme una recerca de mercat per mitjà d'anàlisi de dades demogràfiques i enquestes a clients, amb les següents dades clau: el 60 % dels usuaris potencials són adults joves (18-35 anys), viuen en grans ciutats i prefereixen opcions de transport econòmic i ecològic, i valoren la flexibilitat i la conveniència en el transport.

Solució: Creació d'un buyer persona:

Nom fictici: Laura Martínez

Edat: 30 anys

Ocupació: enginyera ambiental en una empresa d'energia renovable

Estat civil: casada, sense fills

Lloc de residència: apartament cèntric, en una gran ciutat

Comportament:

- La Laura utilitza transport públic i bicicletes compartides regularment.
- Prefereix no posseir un automòbil per evitar costos addicionals i per raons ecològiques.
- És molt activa en xarxes socials i participa en comunitats sobre sostenibilitat.

Punts de dolor:

- Transport públic saturat i temps d'espera prolongats.
- Dificultat per trobar serveis de transport que siguin còmodes i respectin el medi ambient.
- Alts costos d'altres serveis de mobilitat elèctrica.

Motivacions:

- Contribuir a la reducció d'emissions de carboni.
- Optimitzar el seu temps amb opcions de transport flexibles.
- Accedir a serveis accessibles i de qualitat.

Canals preferits:

- Xarxes socials, com LinkedIn i Instagram.
- Blogs i pàgines sobre sostenibilitat.
- Aplicacions mòbils de transport i mobilitat.

Missatge clau per a la Laura:

«Mou-te sense contaminar amb EcoRide Solutions. Estalvia temps i cuida el planeta amb els nostres vehicles elèctrics compartits».

4.1.2 Generació d'idees emprenedores per a la consecució d'una idea amb valor econòmic, social i/o cultural

La generació d'idees emprenedores per a projectes amb impacte econòmic, social o cultural requereix un enfocament sistemàtic en què es combinin creativitat i anàlisi. Identificar un problema rellevant, proposar solucions innovadores i avaluar-les acuradament són passos essencials per crear un projecte que generi valor, tant per als emprenedors com per a la comunitat o el mercat en el qual operen. Es tracta d'identificar oportunitats no només rendibles, sinó que també generin impacte positiu en la societat o en un context cultural específic.

Figura 4.1 Procés de generació d'idees emprenedores.

PASSOS	DESCRIPCIÓ
1r. Identificació d'un problema o necessitat	Detectar un problema real en la societat, el mercat o la cultura que necessiti una solució
2n. Anàlisi de l'entorn i tendències	Estar al corrent de les tendències tecnològiques, socials i culturals és clau per detectar oportunitats emergents. L'anàlisi de l'entorn ajuda a identificar àrees en les quals una emprenedoria pot ser innovadora
3r. Pluja d'idees	En aquesta etapa, es poden generar tantes idees com sigui possible, sense filtres ni limitacions. Aquí, la creativitat és crucial. Es poden fer servir tècniques com ara mapes mentals, brainstorming en grup o fins i tot tècniques com *design thinking*

Figura 4.1 (Continuació).

PASSOS	DESCRIPCIÓ
4t. Avaluació de la viabilitat	Cal fer una selecció de les idees amb més potencial d'èxit i avaluar-les en termes de cost, impacte i possibilitat d'implementació
5è. Proposta de valor	Amb la proposta de valor, es defineix què farà que la seva emprenedoria sigui única i valuosa, tant per als clients com per a la societat o la cultura
6è. Prototipatge o prova de concepte	Crear un prototip o versió preliminar de la idea permet provar-la en el mercat o amb un grup reduït de persones. Això ajuda a validar la idea, abans de procedir a una inversió més gran
7è. Refinament de la idea i estratègia d'implementació	Amb base en els resultats de les proves, s'ajusta la idea per millorar la seva funcionalitat i adaptabilitat, abans de llançar-la de manera més àmplia. És fonamental definir una estratègia clara d'implementació que inclogui finançament, màrqueting i operacions
8è. Llançament i creixement	Finalment, es llança la idea al mercat o comunitat, promovent el projecte de manera efectiva i assegurant-ne l'escalabilitat

4.1.3 El procés creatiu: mapa d'empatia i proposta de valor

El procés creatiu és el conjunt de passos i tècniques utilitzats per generar idees innovadores i desenvolupar solucions originals a problemes. Dins d'aquest procés, el mapa d'empatia i la proposta de valor suposen dues eines clau per comprendre el client i oferir productes o serveis alineats amb les seves necessitats.

El **mapa d'empatia** és l'eina que es fa servir per obtenir una comprensió profunda dels usuaris o clients. Ajuda a posar-se en el lloc del client per identificar els seus desitjos, necessitats, comportaments i motivacions. El mapa se sol dividir en sis seccions:

1. Què pensa i sent?

2. Què veu?

3. Què escolta?

4. Què diu i fa?

5. Quines són les seves frustracions (punts de dolor)?

6. Quines són les seves motivacions?

L'objectiu és recopilar informació detallada per entendre el client en un pla més emocional, la qual cosa facilita la creació de solucions més ajustades a les seves expectatives.

La **proposta de valor** és la promesa clara dels beneficis que un producte o servei ofereix als seus clients, la qual cosa implica resoldre els seus problemes o millorar la situació. Es tracta d'explicar, de manera concisa, per què un client hauria de triar un producte determinat per sobre dels de la competència. En una proposta de valor efectiva, s'hi ressalten els beneficis clau, s'explica clarament quin problema soluciona o quina necessitat satisfà i es diferencia de l'oferta de la resta del mercat.

EXEMPLE 3

En una cafeteria local, mitjançant un mapa d'empatia, es descobreix que treballadors i estudiants busquen un espai per relaxar-se o treballar. Desenvolupa'n el mapa d'empatia.

Solució:

Mapa d'empatia:

- Què pensa i sent? Necessita un lloc còmode on pugui relaxar-se o concentrar-se en la seva feina sense interrupcions.

- Què veu? Cafeteries abarrotades o espais incòmodes on és difícil concentrar-se.

- Què escolta? Comentaris sobre la falta de llocs tranquils i acollidors per treballar o estudiar.

- Què diu i fa? Busca recomanacions de llocs agradables on pugui treballar amb tranquil·litat.

- Quines són les seves frustracions? La falta de wifi estable, espais sorollosos o manca d'endolls per a dispositius electrònics.

- Quines són les seves motivacions? Vol un espai on treballar o estudiar amb comoditat i accés a bon menjar i cafè.

Es pot visualitzar en la plantilla següent:

Mapa d'empatia

Què pensa i sent?
Necessita un lloc còmode on pugui relaxar-se o concentrar-se en la seva feina sense interrupcions

Què sent?
Comentaris sobre la falta de llocs tranquils i acollidors per treballar o estudiar

Què veu?
Cafeteries abarrotades o espais incòmodes on és difícil concentrar-se

Què diu i fa?
Busca recomanacions de llocs agradables on pugui treballar amb tranquil·litat

Què li fa mal?
La falta de wifi estable, espais sorollosos o falta d'endolls per a dispositius electrònics

A què aspira?
Vol un espai on pugui treballar o estudiar amb comoditat i accés a bon menjar i cafè

Amplia la figura aquí

EXERCICI 3

Basant-te en l'exemple anterior, desenvolupa'n la proposta de valor; és a dir, destaca els beneficis clau i explica clarament quin problema soluciona o quina necessitat satisfà.

4.2 DISSENY D'UN MODEL DE NEGOCI I/O GESTIÓ DE LA IDEA EMPRENEDORA

Un model de negoci consisteix en la descripció de com una empresa crea, entrega i captura valor; és a dir, com genera ingressos. Es tracta d'un pla on es detallen les fonts d'ingressos, els segments de clients, els canals de distribució, els recursos clau, les activitats necessàries, els socis estratègics i l'estructura de costos de l'empresa. Respon a preguntes clau com: «què ofereix l'empresa als seus clients (proposta de valor)?», «qui són els seus clients objectiu?» o «com genera ingressos i controla els costos?».

Una eina popular per dissenyar i visualitzar un model de negoci és el **Business Model Canvas** (model de negoci Canvas), amb el qual s'organitzen tots aquests elements en un esquema visual per entendre millor com funciona una empresa o projecte emprenedor. Es tracta d'una eina visual composta de nou blocs.

Aquests blocs permeten aconseguir una visió global de com funciona una empresa i ajuden a identificar àrees que necessiten optimització o ajust.

EXERCICI 4

Mitjançant el Business Model Canvas, desenvolupa la idea d'un cafè especialitzat en productes vegans i sostenible.

4.2.1 Tipus de models de negoci

Depenent de com les empreses creen i capturen valor, trobem diversos tipus de models de negoci, els més comuns dels quals són:

1. Model de subscripció: els clients paguen una tarifa recurrent (mensual o anual) per accedir a un producte o servei; per exemple, Netflix o Spotify.

2. Freemium: s'ofereix una versió bàsica gratuïta del producte o servei, mentre que les funcions avançades requereixen pagament; per exemple, Dropbox o LinkedIn.

3. Comerç electrònic (e-commerce): l'empresa ven productes directament als consumidors a través

MODEL CANVAS

SOCIS CLAU	ACTIVITATS CLAU	PROPOSTA DE VALOR	RELACIÓ AMB ELS CLIENTS	SEGMENT DE CLIENTS
Quines activitats pot deixar de fer la companyia per enfocar-se en les seves accions clau? Saber per endavant quins socis poden construir una relació valuosa. Ells poden aportar recursos que faran més eficient el teu model de negoci.	Quines estratègies úniques té el teu negoci per lliurar la teva proposta al client?	Com de convincent és la teva proposta de valor? Per què els teus clients consumeixen el teu producte? Per què compren? La proposta de valor és el nucli de la raó d'existir d'una empresa i és la teva manera de satisfer les necessitats del client.	Com interactues amb el client a través del Teu procés? És essencial interactuar amb els teus clients.	Qui són els teus clients? Què pensen ells? Què veuen? Què senten? Què fan? Identifica com són els teus clients més importants i determina el teu *buyer persona*.
	RECURSOS CLAU Quins actius estratègics únics té el meu negoci per competir?		**CANALS** Com promouen, venen i lliuren els teus productes o serveis? Per què? Estan funcionant?	

COSTOS D'ESTRUCTURA	FONTS D'INGRÉS
Quins són els principals generadors de costos de l'empresa? Com es vinculen als ingressos? En obtenir una idea de l'estructura de costos sabràs quin ha de ser el volum mínim de les teves vendes per obtenir guanys.	Com genera ingressos la teva proposta de valor? Estructurar els costos i els fluxos d'ingressos et proporcionarà una visió clara de com la teva organització obté ingressos. Quants clients necessita la teva organització anualment per generar guanys? Quants ingressos necessites per aconseguir el punt d'equilibri?

Figura 4.2 Business Model Canvas.

d'una plataforma en línia; per exemple, Amazon o eBay.

4. Marketplace: l'empresa actua com a intermediari entre compradors i venedors, i guanya una comissió per cada transacció; per exemple, Airbnb o Uber.

5. Fabricació i venda directa: el negoci fabrica productes i els ven directament al consumidor final; per exemple, Tesla.

6. Publicitat: els ingressos es generen oferint espai publicitari en una plataforma, ja sigui un lloc web, aplicació o mitjà de comunicació; per exemple, Google o Facebook.

7. Franquícia: un negoci atorga llicències perquè altres emprenedors utilitzin la seva marca i model operatiu, a canvi de comissions; per exemple, McDonald's.

8. Model d'afiliació: el negoci genera ingressos a través de la promoció de productes o serveis d'altres empreses, a canvi d'una comissió per cada venda o lead; per exemple, Amazon Afiliats.

CURIOSITATS

En màrqueting i vendes, un lead és una persona o organització que ha mostrat interès en els productes o serveis d'una empresa i té el potencial de convertir-se en client. Aquest interès sol manifestar-se quan un individu comparteix informació de contacte o interactua d'alguna manera amb l'empresa, com en descarregar contingut, registrar-se en un esdeveniment o completar un formulari en una pàgina web.

Tipus de *leads*:

1. *Lead* fred: algú que ha mostrat un interès inicial, però encara no està llest per comprar.

2. *Lead* qualificat de màrqueting (MQL): un contacte més avançat que ha mostrat interès i s'ajusta al perfil del client ideal.

3. *Lead* qualificat de vendes (SQL): un lead llest perquè hi contacti directament l'equip de vendes, perquè té una intenció clara de compra.

9. *Crowdsourcing* proveïment participatiu): s'obtenen contingut, idees o finançament a través de la contribució d'un gran nombre de persones, sovint mitjançant plataformes en línia; per exemple, Wikipedia.

10. Plataforma com a servei (PaaS): s'ofereix una infraestructura o plataforma tecnològica en el núvol perquè uns altres hi desenvolupin aplicacions o serveis; per exemple, AWS o Google Cloud.

4.3 ANÀLISI DE MODELS DE BALANÇ SOCIAL INCORPORANT VALORS ÈTICS I SOCIALS A LA IDEA EMPRENEDORA

L'emprenedoria ètica i social es refereix a la creació d'empreses o projectes amb els quals no només es busca generar beneficis econòmics, sinó també aconseguir un impacte positiu en la societat i el medi ambient. Aquestes emprenedories estan guiades per valors ètics, com la responsabilitat social, la sostenibilitat i la justícia.

El seu objectiu principal és resoldre problemes socials o ambientals, com ara la pobresa, l'educació, l'accés a la salut o la protecció del medi ambient.

Es prenen decisions empresarials basades en principis ètics, evitant pràctiques que puguin perjudicar les persones o el planeta. Es busca un equilibri entre la rendibilitat econòmica i l'impacte social, assegurant que les seves activitats comportin un baix impacte ambiental i un alt benefici social. Sovint, involucren les comunitats locals en els seus processos i decisions, promovent la inclusió social i el desenvolupament comunitari.

Un exemple d'emprenedoria ètica i social és el cas de l'empresa Patagonia, una empresa de roba outdoor, amb un fort enfocament en la sostenibilitat ambiental i l'ús responsable dels recursos.

4.3.1 El balanç social

El balanç social és una eina que permet a les empreses i organitzacions avaluar i comunicar l'impacte de les seves activitats en termes socials, econòmics i ambientals. A diferència dels balanços financers, centrats en aspectes econòmics, el balanç social comprèn factors relacionats amb la responsabilitat social empresarial (RSE), el benestar dels empleats, el respecte al medi ambient i l'aportació de l'empresa a la comunitat.

Es busca la transparència i la responsabilitat en les operacions empresarials, mostrant als diferents grups d'interès *(stakeholders)* com l'empresa contribueix al desenvolupament sostenible i al benestar social.

Són elements clau d'un balanç social:

- L'impacte social, ja que les activitats d'una empresa influeixen en la comunitat, sigui per la creació d'ocupació, per contribucions a programes socials o per fomentar la igualtat d'oportunitats.

- L'impacte ambiental, motivat per l'anàlisi del consum de recursos, la petjada de carboni, el reciclatge i totes les polítiques sostenibles adoptades per l'empresa.

- Les condicions laborals, examinant les polítiques de recursos humans, com la inclusió, l'equitat de gènere, els salaris justos, la salut i la seguretat en el treball.

- L'ètica empresarial, mitjançant la revisió de les pràctiques comercials, assegurant que siguin ètiques i transparent.

El balanç social és una eina que permet a les organitzacions mesurar i comunicar el seu impacte social, ambiental i econòmic.

Figura 4.3 Exemples utilitzats en els models de balanç social.

MODELS	DESCRIPCIÓ
Global Reporting Initiative (GRI)	Utilitzat per grans corporacions i organitzacions per reportar sostenibilitat. És popular per la seva estructura i adaptabilitat a diferents indústries. GRI és una organització la fi de la qual resideix a impulsar l'elaboració de memòries de sostenibilitat en tota mena d'organitzacions. GRI produeix un complet marc per a l'elaboració de memòries de sostenibilitat, les quals es troben a la disposició del públic de manera gratuïta
Triple Bottom Line (TBL)	Àmpliament utilitzat per mesurar l'impacte en tres àrees clau: persones, planeta i beneficis. Això es fa per reduir costos i fomentar l'autoritat i els valors de la marca per reduir el seu impacte ambiental o social, amb la finalitat d'aconseguir un equilibri sostenible a llarg termini i millorar la seva reputació i impacte social

Figura 4.3 (Continuació).

MODELS	DESCRIPCIÓ
Model de responsabilitat social empresarial (RSE)	Aquest enfocament inclou el mesurament de l'impacte social com a part de l'estratègia de negoci, considerant la relació entre l'empresa i els seus grups d'interès
Model d'impacte social de la xarxa d'innovació social	Aquest model se centra en l'impacte a llarg termini de les iniciatives socials, fent servir eines com l'anàlisi de cost-benefici
Norma SA8000	Es tracta d'un estàndard de certificació social per a fàbriques i organitzacions a tot el món, molt utilitzat per mesurar la responsabilitat social en termes laborals i assegurar que les condicions de treball siguin justes i ètiques. S'estableixen les condicions mínimes per aconseguir un ambient de treball segur i saludable, una llibertat d'associació i negociació col·lectiva i una estratègia empresarial per tractar els aspectes socials relacionats amb el treball
B Impact Assessment (BIA)	Aquest és el model que empren les empreses B per mesurar el seu impacte social i ambiental, i és cada vegada més reconegut, especialment entre les emprenedories i empreses amb un enfocament de responsabilitat social

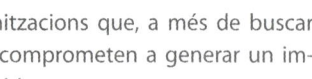

Les **empreses B** són organitzacions que, a més de buscar rendibilitat econòmica, es comprometen a generar un impacte social i ambiental positiu.

Aquestes empreses estan certificades per **B Lab**, una entitat global sense afany de lucre dedicada a avaluar l'acompliment de les empreses en cinc àrees clau: governança, treballadors, clients, comunitat i medi ambient.

Un exemple és l'empresa **Patagonia**, enfocada en pràctiques comercials sostenibles i ètiques.

4.3.2 L'equitat

L'equitat és fonamental per crear un ecosistema empresarial divers i inclusiu que reconegui el talent i innovació garantint que totes les persones, sense importar el seu gènere, raça, origen socioeconòmic o altres característiques, comptin amb les mateixes oportunitats per iniciar i desenvolupar els seus negocis. Per tant, es tracta d'eliminar barreres sistèmiques que, històricament, han limitat l'accés de determinats grups a aquestes oportunitats. Un exemple són els programes de suport a dones emprenedores que ofereixen capacitació i xarxes de contacte específiques per ajudar-les a superar les barreres de gènere.

4.3.3 La justícia social

Se centra en la creació de condicions justes perquè totes les persones, independentment del seu origen, gènere, raça o situació econòmica, puguin desenvolupar-se plenament i tenir accés als mateixos beneficis socials i econòmics.

Un dels seus principis clau és l'equitat, comentada anteriorment: la igualtat d'oportunitats; és a dir, l'accés igualitari a recursos com l'educació, l'ocupació i els serveis de salut. Un altre dels seus principis és protegir i promoure els drets fonamentals de totes les persones i el respecte a la dignitat humana, i fomentar la inclusió i la redistribució de recursos per corregir les desigualtats econòmiques i socials mitjançant polítiques que assegurin una distribució justa de la riquesa.

Un exemple d'això és una legislació laboral justa que garanteixi els salaris justos, les condicions de treball segures i l'accés als beneficis socials.

Per tant, la justícia social constitueix un principi clau en la creació de societats més inclusives i equitatives, en què tothom pugui portar una vida digna i accedir a oportunitats sense discriminació.

4.3.4 La sostenibilitat

Es refereix a l'adopció de pràctiques que protegeixen el medi ambient, per assegurar que els recursos naturals s'utilitzen de manera responsable i que les operacions comporten un impacte mínim en el planeta.

Aquest concepte se centra a gestionar els recursos naturals i humans de manera responsable, assegurant que el seu ús no provoca un esgotament ni destrucció irreparable.

Es basa en tres principis:

- Ambiental: ús eficient dels recursos naturals, conservació de la biodiversitat i mitigació dels efectes negatius sobre l'ecosistema, com el canvi climàtic.

- Econòmic: desenvolupament de pràctiques econòmiques que generin creixement, però sense sacrificar els recursos que el sustenten a llarg termini.

- Social: promoció del benestar social, garantint que totes les persones tenen accés a oportunitats i recursos de manera equitativa i que es respecten els drets humans.

La sostenibilitat s'aplica en múltiples camps, com ara la indústria, la construcció, l'energia, l'agricultura i el consum, i és fonamental per fer front a desafiaments globals com el canvi climàtic i la desigualtat social.

4.4 ANÀLISI DEL MACROENTORN I MICROENTORN DE L'EMPRENEDOR

Tant el macroentorn com el microentorn constitueixen dos aspectes clau a l'hora d'influir en les decisions i en l'èxit d'un emprenedor o empresa.

4.4.1 Anàlisi del macroentorn

El macroentorn el conformen tots aquells factors externs i generals que afecten totes les empreses i es troben fora del control de l'emprenedor, ja que no estan directament relacionats amb l'empresa, però poden influir de manera significativa en el seu èxit. Es tracta de:

- Factors econòmics, com els cicles econòmics, la inflació, els tipus d'interès i les polítiques fiscals.

- Factors socials, com els canvis en la demografia, els gustos del consumidor, els nivells d'educació i les tendències culturals.

- Factors tecnològics, com els avenços i el seu impacte en els processos productius o en el mercat.

- Factors polítics i legals, com la legislació, les regulacions governamentals, l'estabilitat política i les polítiques comercials.

- Factors mediambientals, com les normes ecològiques i la preocupació pel canvi climàtic.

Una eina utilitzada per poder avaluar l'entorn general d'una empresa o projecte és l'**anàlisi Pestel**. Aquesta anàlisi ajuda a identificar oportunitats i amenaces externes que afectin el desenvolupament del negoci, ja que té en compte factors polítics, econòmics, socials, tecnològics, ambientals i legals que poden influir en l'èxit.

Figura 4.4 Components de l'anàlisi Pestel.

COMPONENTS	DESCRIPCIÓ I EXEMPLE
Polítics	Poden incloure regulacions comercials, estabilitat política, polítiques fiscals, tractats internacionals que afecten els governs i polítiques públiques; per exemple, un canvi en les tarifes d'importació pot afectar empreses que depenen de productes estrangers
Econòmics	Estan relacionats amb l'economia i el mercat. Alguns indicadors econòmics bàsics inclouen: • PIB (producte interior brut): serveix per mesurar el valor total de béns i serveis produïts per una economia. Un augment en el PIB sol indicar un entorn favorable per als negocis • Inflació: assenyala l'augment dels preus en una economia. La inflació elevada redueix el poder adquisitiu dels consumidors i augmenta els costos operatius • Taxa d'interès: afecta el cost de finançament i els nivells de consum i inversió. Taxes d'interès altes poden desincentivar les inversions • Desocupació: amb la taxa de desocupació es mesura la quantitat de persones que busquen feina activament, però no en troben. Una desocupació baixa generalment indica un mercat laboral fort • Tipus de canvi: influeix en la competitivitat de les exportacions i importacions, així com en les despeses en què una empresa incorre per adquirir béns o matèries primeres provinents d'altres països
Socials	Factors com l'envelliment de la població, els canvis en les preferències dels consumidors, els estils de vida i els valors socials afecten la demanda de productes i serveis; per exemple, un augment en la consciència de la salut pot impulsar la demanda de productes orgànics

Figura 4.4 (Continuació).

COMPONENTS	DESCRIPCIÓ I EXEMPLE
Tecnològics	Factors com l'automatització, la digitalització, la recerca i el desenvolupament poden transformar sectors complets; per exemple, el creixement del comerç electrònic ha canviat radicalment la manera en què les empreses venen productes
Ecològics o ambientals	Inclouen el canvi climàtic, la regulació d'emissions i l'ús responsable dels recursos naturals; per exemple, les normatives amb les quals es regulen les emissions de carboni poden obligar les empreses a adoptar processos més sostenibles
Legals	Això inclou lleis laborals, de protecció al consumidor i de propietat intel·lectual i normatives de seguretat; per exemple, canvis en les lleis de protecció de dades poden obligar les empreses a invertir en millors sistemes de seguretat per conservar les dades dels clients

Per tant, aquesta anàlisi permet a les empreses preveure canvis en el seu entorn extern i ajustar les estratègies per capitalitzar oportunitats o mitigar riscos basant-se en l'avaluació d'aquestes sis àrees clau i els indicadors econòmics corresponents.

Es pot fer servir la plantilla següent per visualitzar l'anàlisi:

Duu a terme l'anàlisi Pestel d'una empresa de menjar ràpid sostenible en expansió que vol analitzar el seu entorn macroeconòmic per identificar oportunitats i amenaces de cara a aquesta expansió del seu servei en 2024. Pots utilitzar la plantilla facilitada en la unitat per a una millor visualització de l'anàlisi.

Solució: anàlisi Pestel

1. Política

Les normatives afavoreixen iniciatives sostenibles, com ara envasos biodegradables, i hi ha incentius fiscals per a empreses que redueixin la petjada ambiental. Tot i això, també s'enfronten a regulacions més estrictes sobre la qualitat d'ingredients i gestió de residus, la qual cosa pot suposar costos addicionals.

2. Econòmica

L'augment del poder adquisitiu en mercats emergents i la baixa inflació en algunes regions ofereixen estabilitat operativa. D'altra banda, els costos d'inputs agrícoles i la volatilitat del tipus de canvi en alguns mercats representen riscos per al negoci.

3. Social

Hi ha un canvi en les preferències cap a opcions de menjar ràpid més saludable i sostenible, a més d'un creixent interès en empreses amb impacte social positiu. Tot i això, les diferències culturals respecte al menjar ràpid i els prejudicis associats a la seva qualitat poden ser desafiaments importants.

4. Tecnològica

La incorporació d'apps personalitzades per a comandes i l'ús de cuines automatitzades ofereixen un avantatge competitiu significatiu. Tot i això, implementar tecnologies avançades (com la intel·ligència artificial) implica costos inicials elevats i enfrontar-se a competidors tecnològicament avançats.

5. Ecològica

L'accés a ingredients orgànics i locals, juntament amb l'ús d'energies renovables, pot ser un motor de diferenciació i estalvi. Tot i això, els efectes del canvi climàtic sobre els conreus i els requisits de certificació ecològica en alguns mercats poden ser limitants.

6. Legal

El compliment de regulacions laborals més estrictes en determinats països pot incrementar els costos d'operació. A més, és crucial complir amb les normes d'etiquetatge i certificació, ja que els incompliments poden derivar en sancions o danys reputacionals.

4.4.2 Anàlisi del microentorn

Quan parlem dels factors més pròxims a l'emprenedor, que tenen un impacte directe i poden ser controlats, almenys parcialment, per l'empresa o l'emprenedor, ens referim al microentorn. Alguns d'aquests factors són els següents:

1. Clients: el perfil i necessitats dels clients que compren els productes o serveis.

2. Proveïdors: la relació amb els qui proporcionen els materials i serveis necessaris per a l'operació.

3. Competència: altres empreses que ofereixen productes o serveis similars, que poden influir en els preus, qualitat i diferenciació del producte.

4. Intermediaris: empreses que ajuden en la distribució del producte o servei.

5. *Stakeholders:* qualsevol part interessada, com ara inversors o empleats, que pot influir en les decisions de l'emprenedor.

Seguint l'exemple anterior, fes una anàlisi Pestel d'una empresa de fabricació de vehicles elèctrics (VE) accessibles per a mercats emergents. Pots utilitzar la plantilla facilitada en la unitat per a una millor visualització de l'anàlisi.

Què hauria de considerar respecte al microentorn un negoci de roba?

Solució:

Haurà de gestionar bé els seus proveïdors per obtenir materials de qualitat i a bon preu, atendre les demandes dels clients i diferenciar-se de la competència en un mercat molt competitiu.

Visualització de l'exemple 5:

ANÀLISI PESTEL

P
- Normatives sobre sostenibilitat
- Incentius fiscals
- Regulacions estrictes sobre residus

Factors polítics

E
- Augment de poder adquisitiu
- Baixa inflació
- Més costos d'inputs agrícoles

Factors econòmics

S
- Canvi preferències en menjar saludable i ràpid
- Sensibilització

Factors socials

T
- Apps personalitzades
- Cuines automatitzades
- Costos inicials alts

Factors tecnològics

E
- Normatives ambientals
- Requisits de certificació ecològica limitants i efectes en el canvi climàtic

Factors ecològics

L
- Regulació laboral
- Lleis d'etiquetatge i certificació

Factors legals

Per tant, l'èxit de l'emprenedor depèn de la comprensió i gestió efectiva tant del macroentorn com del microentorn. Per comprendre millor el microentorn, es fa servir habitualment l'eina **DAFO**, que identifica les **debilitats, amenaces, fortaleses i oportunitats** d'una empresa.

Fortaleses: es corresponen amb els aspectes interns i positius de l'empresa que li proporcionen un avantatge competitiu. Poden incloure recursos exclusius, avantatges tecnològics, marca reconeguda o sòlida xarxa de distribució; per exemple, una empresa amb una forta lleialtat dels seus clients i alta qualitat de producte té un avantatge sobre els seus competidors.

Debilitats: constitueixen els aspectes interns que limiten l'acompliment de l'empresa. Aquestes debilitats poden ser la manca de recursos, habilitats insuficients o processos ineficients; per exemple, una empresa amb una infraestructura tecnològica obsoleta pot no ser capaç de competir eficaçment en el mercat.

Oportunitats: són factors externs del microentorn que l'empresa pot aprofitar per créixer o millorar. Les oportunitats poden sorgir de canvis en el mercat, noves tendències o evolució de les necessitats del client; per exemple, la creixent demanda de productes sostenibles pot ser una oportunitat per a una empresa que desenvolupi productes ecològics.

Amenaces: són factors externs que poden perjudicar l'empresa, com la competència agressiva, els canvis en la regulació o les fluctuacions econòmiques; per exemple, una nova empresa tecnològica que ofereixi productes a cost més baix pot amenaçar els competidors establerts.

EXERCICI 7

L'empresa tèxtil sostenible EcoJeans es proposa realitzar una anàlisi DAFO; per dur-la a terme, té en compte els següents aspectes que s'enumeren. Classifica aquests aspectes segons l'anàlisi DAFO:

- **Dependència d'un proveïdor específic,** que podria comprometre la qualitat si hi ha problemes en la cadena de subministrament.

- **Col·laboracions amb dissenyadors** de renom o *influencers* que ajudin a augmentar la visibilitat de la marca.

- **Marca ben posicionada** en el sector de la moda ecològica.

- **Canvis en les preferències dels consumidors**, si la sostenibilitat deixa de ser una prioritat.

- **Expansió en el comerç electrònic,** la qual cosa permet arribar a més clients sense necessitat de botigues físiques.

- **Competència de grans marques,** que comencen a incorporar línies sostenibles a preus més baixos.

EXERCICI 7 (continuació)

- **Processos de producció responsables** amb el medi ambient, la qual cosa atreu clients conscients de la sostenibilitat.

- **Costos de producció elevats,** a causa de l'ús de materials ecològics, la qual cosa augmenta el preu final dels productes.

- **Dependència de vetes de mercat** que valoren la sostenibilitat, la qual cosa pot limitar la grandària de la base de clients.

- **Fluctuació en els preus dels materials ecològics,** la qual cosa pot augmentar els costos de producció.

- **Xarxa de proveïdors de confiança**, que assegura la qualitat dels materials.

- **Manca de presència internacional,** la qual cosa limita el creixement en mercats més grans.

- **Ús de materials reciclats i orgànics,** la qual cos la diferencia dels seus competidors.

- **Creixent demanda de moda sostenible** en mercats globals.

- **Noves regulacions ambientals** que afavoreixen productes ecològics, la qual cosa pot atreure més consumidors.

És important, en aquest punt, parlar de les *necessitats dels clients,* de la interacció dels usuaris amb una marca, un producte o un servei. Per a això, podem fer servir eines com *customer experience* o **experiència del client (CX)**, *customer journey* o **viatge del client i user experience o experiència d'usuari(UX).**

El *customer experience (CX)* és el conjunt total de percepcions i emocions que un client experimenta al llarg de totes les interaccions amb una empresa.

CX comprèn tots els punts de contacte (en línia i offline) que un client té amb la marca, incloent-hi el servei al client, el màrqueting, la qualitat del producte i les interaccionis postcompra. Se centra en com se sent el client al llarg del temps en la seva relació amb la marca.

Per exemple, si un client compra un producte, la seva experiència comença amb el descobriment de la marca, el procés de compra, el servei postvenda i fins i tot la reputació de l'empresa.

El *customer journey* **(viatge del client)** és el recorregut que una persona segueix des que té coneixement d'una marca fins que es converteix en client, passant per diferents etapes, com la consideració, la decisió de compra i la postvenda.

S'enfoca en els punts de contacte o interaccions específiques entre el client i l'empresa al llarg del procés de compra.

Per exemple, el customer journey d'una botiga de roba en línia pot començar amb un anunci en xarxes socials, seguit de la visita al lloc web, la revisió dels productes, la decisió de compra, el pagament i, finalment, el lliurament del producte. El client pot continuar interactuant després amb el servei d'atenció al client o deixar una ressenya.

El *user experience* **(UX)** es refereix a com els usuaris interactuen amb un producte o servei específic, especialment en el context digital.

El UX se centra en la usabilitat, funcionalitat i disseny d'un lloc web, aplicació o producte per garantir que l'usuari tingui una experiència fàcil, intuïtiva i eficient.

Per exemple, el UX d'una aplicació bancària se centra en el fet que els usuaris puguin fer transaccions de manera ràpida, senzilla i sense problemes. Si la interfície és confusa o poc intuïtiva, afecta negativament l'experiència de l'usuari.

Cadascun esdevé clau per a l'èxit d'una empresa i per assegurar la satisfacció del client i la seva lleialtat a llarg termini.

APRÈN MÉS

Un mapa de viatge de client és un relat visual de totes les interaccions d'un client amb un servei, una marca o un producte. Visita la pàgina:

https://blog.hubspot.es/service/customer-journey-map

En aquesta pàgina trobaràs més informació, a més de plantilles gratuïtes per crear un mapa de viatge de client o *customer journey map*, a canva.com.

4.5 LES ENTREVISTES DE PROBLEMA

Quan es tracta d'identificar i entendre problemes o necessitats dels clients, les empreses utilitzen la tècnica denominada **entrevistes de problemes,** que es fa servir en el desenvolupament de productes i serveis.

Aquestes entrevistes permeten obtenir informació directa i ajuden les empreses a dissenyar solucions més efectives i rellevants.

Figura 4.5 Passos en una entrevista de problema.

PAS	DESCRIPCIÓ
Identificació del perfil de l'usuari	Seleccionar persones que representin el perfil de client ideal (similar al *buyer persona*)
Formulació de preguntes obertes	Fer preguntes obertes per fomentar que l'entrevistat expressi els seus problemes i frustracions, evitant preguntes orientades que suggereixin una resposta
Exploració del context	Preguntar sobre el context en el qual s'enfronten al problema, la freqüència d'ocurrència i l'impacte en la seva vida o feina
Aprofundiment en les solucions actuals	Indagar sobre les solucions o estratègies que l'usuari empra actualment, si és que n'hi ha, i què és el que el satisfà o no d'aquestes opcions

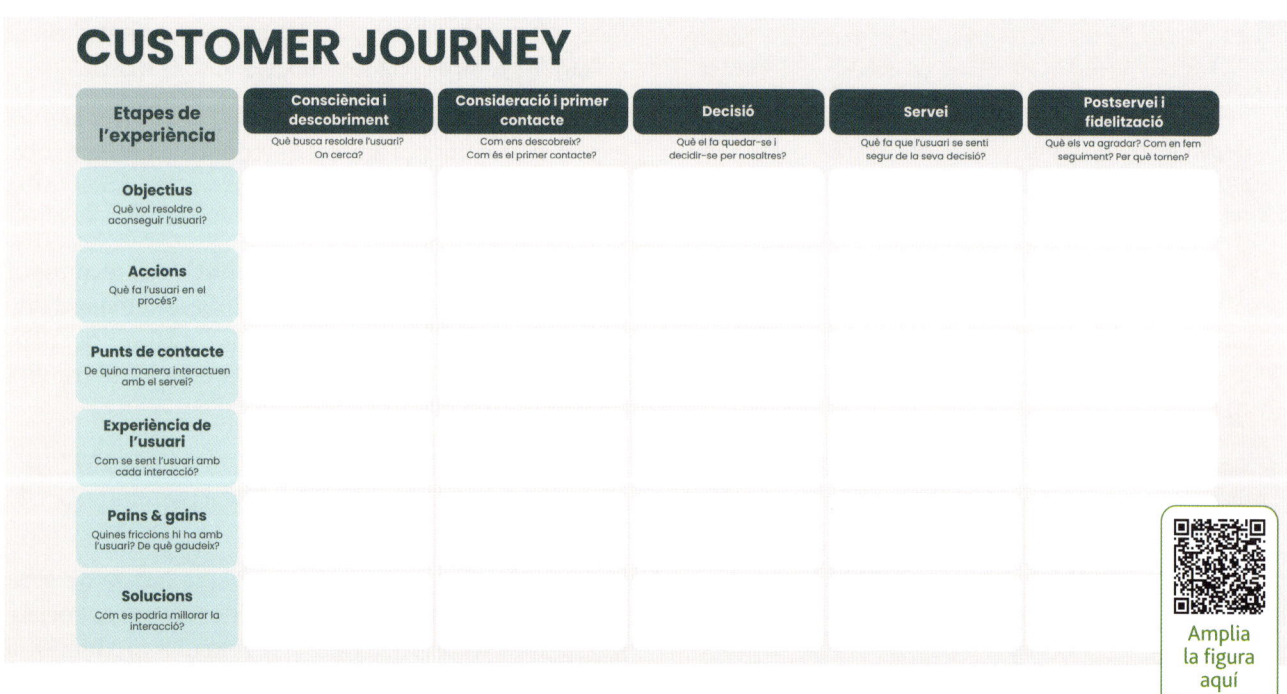

Amplia la figura aquí

La Maria és gerent de projectes d'una petita empresa de màrqueting digital amb 10 empleats. Fa servir diverses eines, com ara fulls de càlcul, correus electrònics i aplicacions mòbils, per coordinar les tasques de l'equip, però té la impressió que el mètode actual és ineficient.

Solució:

Es duu a terme una entrevista de problema.

Pregunta d'obertura: «Pots explicar-me com gestiones els projectes en el teu equip actualment?». La Maria respon que utilitza una combinació de fulls de càlcul per fer un seguiment de les tasques, correus electrònics per a la comunicació i una aplicació mòbil per rebre recordatoris. Troba que, a vegades, és confús i requereix molt de temps actualitzar tota la informació en diferents plataformes.

Indagació sobre el problema: «Quines són les principals dificultats a les quals t'enfrontes en fer servir aquestes eines?». La Maria esmenta que és difícil mantenir-ho tot coordinat. Sovint, perd temps buscant correus antics o actualitzant els fulls de càlcul manualment. A més, no té una vista clara del progrés del projecte en temps real.

Aprofundiment en les necessitats: «Com t'afecta personalment aquest procés? Què et frustra més?». El que més frustra la Maria és que el seguiment de tasques es torna desorganitzat i li costa assegurar-se que l'equip estigui al dia. Això endarrereix els terminis i li genera més estrès.

Impacte del problema: «Què passa quan aquestes dificultats t'impedeixen coordinar bé l'equip?». La Maria explica que les tasques s'endarrereixen, el client es queixa i, a vegades, es generen conflictes en l'equip a causa de la manca de claredat en les responsabilitats.

Exploració de solucions potencials: «Si poguessis canviar alguna cosa de les eines que fas servir, què canviaries?». La Maria voldria una eina que centralitzés tota la informació dels projectes, en què pogués veure el progrés en temps real i que fos fàcil d'usar per a tot l'equip, sense necessitat d'actualitzar manualment tantes plataformes.

A través d'aquesta entrevista de problema, l'empresa de programari ha identificat les principals dificultats: falta d'integració d'eines, desorganització en el seguiment de tasques i comunicació ineficient. Aquests punts de dolor ajuden a guiar el desenvolupament d'una solució adaptada a les necessitats de la Maria.

Una empresa emergent anomenada EcoPack vol desenvolupar un producte d'embalatge ecològic per reduir l'ús de plàstics en enviaments de paqueteria. L'equip de EcoPack decideix fer entrevistes de problema per comprendre els desafiaments als quals s'enfronten els clients en relació amb l'embalatge sostenible. Duu a terme les entrevistes de problema seguint els passos de la taula anterior.

També es poden utilitzar eines complementàries per mesurar l'experiència del client, com ara:

1. **Mètriques NPS (*net promoter score*):** és el paràmetre estàndard per mesurar la fidelitat i la satisfacció dels clients. És molt útil per avaluar la satisfacció del client en qualsevol punt del seu recorregut, ja que serveix per mesurar la lleialtat dels clients en preguntar si és probable que recomanin un producte o servei a uns altres.

   Els enquestats responen en una escala de 0 a 10 i s'agrupen en promotors, passius i detractors, segons la nota atribuïda:

   - **0-6: Detractors.** Aquest grup no recomanarà la seva empresa i fins i tot pot desanimar amics i coneguts a l'hora de convertir-se en clients. També tendeix a escriure ressenyes o avaluacions negatives.

   - **7-8: Passius.** Aquest grup no està particularment insatisfet, però tampoc recomanaria la seva empresa. Es comporta de manera neutral sobre aquest tema. Per tant, els passius es poden ignorar en el càlcul de l'NPS.

   - **9-10: Promotors.** Els anomenats promotors perceben l'empresa com a molt positiva i, probablement, la recomanen al seu cercle de coneguts.

   Aquesta mètrica ajuda a identificar la satisfacció dels clients i la resolució del problema en relació amb el producte o servei. És molt senzill de calcular, ja que se sumen les respostes i es resta el percentatge de detractors del percentatge de promotors; per exemple, si el 60 % dels enquestats són promotors, el 10 % són detractors i el 30 % són passius, el *net promoter score* (NPS) és 60 – 10 = 50.

2. **Mètriques CES (*customer effort score*):** avaluen l'esforç que els clients senten que han de fer per interactuar amb una empresa o producte, com a l'hora de completar una compra o resoldre un problema. Com més baix sigui l'esforç percebut, més gran serà la satisfacció i la probabilitat de lleialtat del client. Es demana al client que qualifiqui en una escala de cinc punts (que va de «molt difícil» a «molt fàcil») quin esforç va haver de fer en utilitzar un determinat producte o servei.

   La fórmula per calcular la puntuació de l'esforç del client és:

   - **Suma de les puntuacions:** segons l'estructura de l'escala, els enquestats poden assignar puntuacions en diferents rangs.

- **Nombre de respostes:** es compten tots els qüestionaris en els quals s'ha respost la pregunta CES.

Dividint la suma de les puntuacions entre el nombre de respostes, s'obté el CES. La idea que el regeix és simple: els clients desitgen satisfer les seves necessitats fàcilment, sense esforç. En la mesura en què la satisfacció d'aquestes necessitats es fa difícil, augmenten les possibilitats que el client prefereixi dirigir-se a la competència.

3. **Focus groups:** són reunions de grups petits de clients en què es discuteix sobre problemes, experiències o idees relacionades amb un producte o servei. A través de la interacció entre els participants, les empreses poden obtenir informació valuosa sobre les percepcions dels usuaris i descobrir patrons en les necessitats o problemes. Avui dia, es pot implementar aquesta tècnica a través d'una comunitat en línia, ja que la tècnica tradicional fora de línia requereix més preparació perquè, com que és un esdeveniment presencial, necessita un lloc físic que inclogui altres espais, com banys i servei de càtering, per tal que els participants estiguin còmodes. Els grups de discussió virtuals es reuneixen a través d'una plataforma en línia. Aquesta és una manera d'innovar i sorprendre els participants d'un estudi.

4.6 POSADA EN PRÀCTICA DE TÈCNIQUES DE VALIDACIÓ D'IDEES I GENERACIÓ DE PROTOTIPS

Per minimitzar riscos abans del llançament de productes o serveis, hi ha dues etapes clau, que són el prototipatge i la validació. En l'apartat de generació d'idees, en el procés, s'ha comentat breument que el prototipatge o prova de concepte i la validació són un pas dins del procés de generació d'idees emprenedores.

1. **Prototipatge:** es tracta del procés de crear una versió preliminar o model d'un producte, servei o solució. El seu objectiu és provar conceptes, visualitzar la idea i detectar possibles errors o millores, abans de passar a una producció final. Els prototips poden ser físics (en el cas de productes) o digitals (en el cas de programari, serveis o aplicacions).

Podem parlar de dos tipus de prototips: el de baixa fidelitat, simples representacions visuals o funcionals, com ara esbossos, diagrames o maquetes, i el d'alta fidelitat, versions més pròximes al producte final que poden incloure més detalls i funcionalitats. Tots dos s'utilitzen en metodologies com el *design thinking* o el *lean startup*; es diferencien en el seu grau de detall i complexitat. Els de baixa fidelitat es caracteritzen per ser econòmics i ràpids de construir i arreglar i per no requerir tècnics experts, mentre que en els d'alta fidelitat es fan servir eines especialitzades de prototipatge que ofereixen més detall i precisió i sí que requereixen experts.

2. **Validació:** es correspon amb el procés de provar si el producte, servei o solució satisfà les necessitats i expectatives del client real. Implica recopilar retroalimentació directa del públic objectiu a través de proves d'usuari, enquestes, entrevistes o experiments en el mercat. En la validació, se segueixen aquests passos: en primer lloc, les proves amb usuaris, que comporta provar el prototip amb persones reals per observar el seu comportament i rebre retroalimentació; en segon lloc, la utilització de mètriques i anàlisi, amb les quals es recopilen dades d'ús, satisfacció o efectivitat del prototip; finalment, amb base a la retroalimentació, s'incorporen millores o ajustos en el prototip.

Per tant, el prototipatge i la validació són etapes essencials per garantir que la solució final es trobi alineada amb les necessitats del mercat i els usuaris.

EXEMPLE 8

Una empresa emergent vol llançar al mercat una ampolla reutilitzable feta de materials reciclats i sostenibles. Per assegurar la viabilitat de la idea, l'equip de treball segueix diversos passos de validació i creació de prototips.

Solució:

1. Definició de la hipòtesi de valor: l'equip de treball defineix la seva hipòtesi principal: «Els usuaris de productes ecològics prefereixen ampolles reutilitzables i de materials reciclats, enfront de les de plàstic».

2. Validació de la idea mitjançant enquestes: es fa una enquesta entre consumidors potencials en xarxes socials i botigues ecològiques. Pregunten als participants sobre el seu interès en productes sostenibles i la seva disposició a pagar un preu prèmium. El resultat d'aquestes enquestes és el següent: el 80 % dels enquestats es mostra interessat en una ampolla sostenible i estaria disposat a pagar un 20 % més que per una ampolla comuna.

3. Creació d'un prototip de baixa fidelitat: per avaluar-ne la usabilitat i disseny, l'equip desenvolupa un prototip amb materials bàsics, sense ser la versió final del producte, per rebre retroalimentació. Posteriorment, es fa la prova del prototip i es lliura a 10 usuaris freqüents de productes sostenibles i els demanen que el facin servir durant una setmana. Els usuaris proporcionen comentaris sobre el disseny, pes i practicitat de l'ampolla.

4. Recopilació de *feedback* i ajust: a partir dels comentaris rebuts, es descobreix que alguns usuaris prefereixen un disseny de boca ampla, perquè en facilita la neteja, mentre que uns altres suggereixen incloure-hi una funda de silicona per millorar-ne l'agafada. L'equip pren la decisió d'incorporar aquests canvis en el disseny final.

5. Prova de mercat: finalment, es llança una petita producció de les ampolles millorades en una botiga en línia, per provar l'acceptació del producte i recopilar dades de vendes i satisfacció.

6. Avaluació de l'èxit: després d'un mes en el mercat de prova, es ven el 70 % de l'estoc inicial i es reben comentaris positius, la qual cosa indica que el producte compta amb un potencial real en el mercat.

GLOSSARI

La usabilitat implica desenvolupar i fabricar productes, sistemes i serveis més fàcils d'usar per a tota mena d'usuari, de manera que se satisfacin les seves necessitats i requisits.

EXERCICI 9

Una empresa emergent que fabrica escombres i mopes fetes de materials reciclats i sostenibles, vol llançar un nou producte al mercat. L'empresa decideix aplicar-hi tècniques de validació i crear-ne prototips per assegurar-se que el producte sigui viable i atractiu per als consumidors. Basant-te en l'exemple anterior, determina els passos a seguir.

4.7 EL MÀRQUETING PER AL DESENVOLUPAMENT DE TÈCNIQUES DE COMUNICACIÓ I VENDA

El màrqueting és una disciplina que serveix per connectar a l'empresa amb el seu mercat objectiu, amb la finalitat de complir amb els objectius comercials de manera eficient i sostenible. Per tant, és el conjunt d'estratègies, tècniques i accions que una empresa utilitza per identificar, crear i satisfer les necessitats i desitjos dels consumidors, amb l'objectiu de promoure productes, serveis o marques. Involucra des de l'anàlisi de mercat, la segmentació del públic i la creació de productes adequats, fins a la comunicació efectiva i la gestió de relacions amb els clients.

Amb el màrqueting, es busca no només generar vendes, sinó també construir una relació de valor a llarg termini entre l'empresa i el client. Això s'aconsegueix mitjançant diverses eines i disciplines, com la publicitat, la promoció, la recerca de mercat, el brànding i les tècniques digitals modernes, com ara el màrqueting digital, el *search engine optimization* o optimització natural (SEO) o el *content marketing* o màrqueting de continguts.

GLOSSARI

El **màrqueting digital** és l'aplicació d'estratègies de màrqueting a través de mitjans digitals, com Internet i dispositius mòbils. S'enfoca en l'ús de plataformes en línia, xarxes socials, motors de cerca, correu electrònic i altres canals digitals, per promocionar productes o serveis; per exemple, xarxes socials com Facebook, Instagram o LinkedIn.

SEO es refereix a les estratègies i tècniques utilitzades per millorar la visibilitat d'un lloc web en els motors de cerca, com Google. L'objectiu és optimitzar el contingut i l'estructura del lloc perquè aparegui en les primeres posicions dels resultats de cerca orgànica, és a dir, resultats de cerca que apareixen de manera natural, sense utilitzar publicitat de pagament.

El *content marketing* (*màrqueting de continguts*), per la seva banda, s'enfoca a crear i distribuir contingut rellevant i valuós per atreure una audiència específica i retenir-la. El seu objectiu és educar, informar o entretenir els usuaris, en lloc de vendre de manera directa; per exemple, els blogs i articles.

Les principals funcions del màrqueting són la *identificació de necessitats*, investigant el mercat i entenent què vol el client; la *creació de valor*, ja que es desenvolupen productes o serveis que satisfan aquestes necessitats; la *comunicació*, atès que es promouen productes i serveis de manera efectiva a través de diferents canals; la *distribució*, ja que assegura que el producte arribi als consumidors de la manera més eficient possible, i la *fidelització*, establint relacions duradores amb els clients mitjançant un servei i experiència de qualitat.

Les tècniques de comunicació en el màrqueting es refereixen a la forma en què les empreses transmeten el seu missatge als consumidors. Això inclou no només els anuncis tradicionals, sinó també com s'interactua en canals digitals, xarxes socials, correus electrònics, etc.

Figura 4.6 Tècniques de comunicació en el màrqueting.

TÈCNICA	DESCRIPCIÓ
Storytelling (narrativa de marca)	Crear narratives que connectin emocionalment amb el client
Màrqueting de continguts	Generar i compartir contingut valuós i rellevant que atregui l'audiència i la retingui
Publicitat digital	Utilitzar anuncis pagats en plataformes com Google, Facebook o Instagram per arribar al públic objectiu
Màrqueting omnicanal	Assegurar-se que la comunicació sigui consistent a través de tots els punts de contacte amb el client, com ara botigues físiques, apps mòbils, xarxes socials, etc.

A partir del màrqueting es busca influir en el procés de compra, per la qual cosa s'apliquen diverses tècniques de venda que ajuden a guiar els potencials clients (prospectes) cap a una compra o acció desitjada, transformant-los en clients finals. Entre les més utilitzades, trobem:

- Embut de vendes (*sales funnel*), que és el procés pel qual es guia al client des de la primera interacció fins a la compra final.

- Vendes consultives, basades a entendre les necessitats del client i oferir solucions específiques.

- *Cross-selling* (venda associada) i upselling (venda millorada), els quals consisteixen a oferir productes complementaris (*cross-selling*) o de més valor (upselling) per augmentar el tiquet de compra.

- Vendes emocionals, que apel·len a les emocions i desitjos del client, en lloc de només enfocar-se en les característiques del producte.

És important una comunicació efectiva en la qual el missatge s'alineï amb les necessitats i expectatives del client, així com un bon màrqueting de comunicació, per crear una relació a llarg termini amb els clients, la qual cosa facilita la venda futura.

EXERCICI 10

Estableix una tècnica de comunicació i una altra de venda per a una empresa de roba esportiva que vengui en línia. Explica el motiu d'aquesta elecció.

Repte professional

Identifica una necessitat no coberta o una oportunitat emergent en el teu entorn i desenvolupa una idea emprenedora innovadora que ofereixi una solució amb impacte econòmic, social o ambiental.

Objectius del repte:

1. Identificació d'oportunitats: analitzar l'entorn (mercat, sector, tecnologia, etc.) per detectar necessitats insatisfetes o àrees d'oportunitat.

2. Desenvolupament d'una proposta: idear un projecte innovador que respongui a aquesta necessitat, amb un enfocament clar i ben estructurat.

3. Validació inicial: fer una anàlisi bàsica de viabilitat de la idea i com podria executar-se amb els recursos disponibles.

4. Proposta de valor: definir la proposta de valor única de la idea i com solucionarà el problema identificat de manera eficaç.

Mapa conceptual

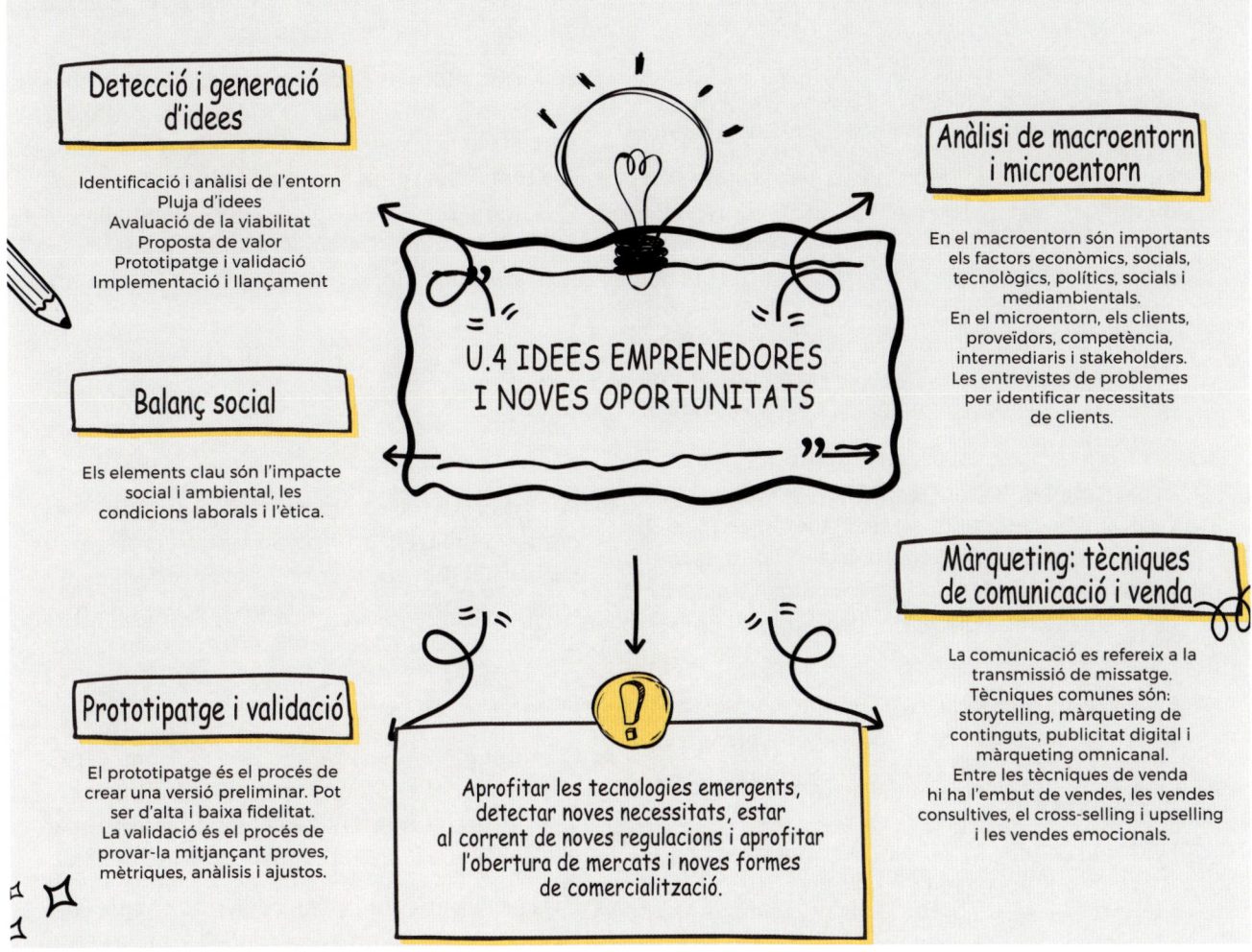

Detecció i generació d'idees

Identificació i anàlisi de l'entorn
Pluja d'idees
Avaluació de la viabilitat
Proposta de valor
Prototipatge i validació
Implementació i llançament

Balanç social

Els elements clau són l'impacte social i ambiental, les condicions laborals i l'ètica.

Prototipatge i validació

El prototipatge és el procés de crear una versió preliminar. Pot ser d'alta i baixa fidelitat. La validació és el procés de provar-la mitjançant proves, mètriques, anàlisis i ajustos.

U.4 IDEES EMPRENEDORES I NOVES OPORTUNITATS

Aprofitar les tecnologies emergents, detectar noves necessitats, estar al corrent de noves regulacions i aprofitar l'obertura de mercats i noves formes de comercialització.

Anàlisi de macroentorn i microentorn

En el macroentorn són importants els factors econòmics, socials, tecnològics, polítics, socials i mediambientals.
En el microentorn, els clients, proveïdors, competència, intermediaris i stakeholders. Les entrevistes de problemes per identificar necessitats de clients.

Màrqueting: tècniques de comunicació i venda

La comunicació es refereix a la transmissió de missatge. Tècniques comunes són: storytelling, màrqueting de continguts, publicitat digital i màrqueting omnicanal.
Entre les tècniques de venda hi ha l'embut de vendes, les vendes consultives, el cross-selling i upselling i les vendes emocionals.

Figura 4.7 Mapa conceptual de la unitat 4, «Les idees emprenedores i noves oportunitats».

- Les idees emprenedores són factors clau per identificar les noves oportunitats. La detecció de necessitats implica fer una recerca exhaustiva i una interacció constant amb el públic objectiu per identificar mancances, desitjos i punts de millora.

- Els passos per a la detecció de necessitats són identificar qui són les persones destinatàries del projecte, les necessitats, la proposta de solucions, la creació d'un model o versió inicial i la recopilació de comentaris. Per acabar, si la solució és innovadora, cal educar el públic sobre com utilitzar el producte o servei. Es pot emprar per detectar necessitats com a eina eficaç el buyer persona.

- El procés de generació d'idees emprenedores consta dels següents passos: identificació del problema, anàlisi de l'entorn, avaluació de la viabilitat, proposta de valor, prototipatge i validació, estratègia d'implementació, llançament i creixement.

- La proposta de valor és la promesa clara dels beneficis del producte o servei que s'ofereix als clients, a més de com es resolen els problemes i es millora la situació.

- L'eina per dissenyar i visualitzar el model de negoci és el Business Model Canvas, amb el qual s'organitzen els elements en un esquema visual per entendre millor el projecte emprenedor. Depenent de com les empreses creïn i capturin el valor, trobem diferents tipus de model de negoci.

- El balanç social és l'eina que permet a les empreses i organitzacions avaluar i comunicar l'impacte de les seves activitats en termes socials, econòmics i ambientals. Els seus elements clau són l'impacte social, l'impacte ambiental, les condicions laborals i l'ètica empresarial.

- El macroentorn són tots els factors externs i generals que afecten totes les empreses i estan fora del control de l'emprenedor. Són els factors econòmics, socials, tecnològics, legals, polítics i mediambientals. Per avaluar l'entorn general d'una empresa, es fa servir l'anàlisi Pestel.

- El microentorn es conforma pels factors més pròxims a l'emprenedor i poden ser controlats, almenys parcialment, per l'empresa. El constitueixen els clients, els proveïdors, la competència, els intermediaris i els stakeholders. Habitualment s'utilitza l'eina del DAFO per identificar les debilitats, amenaces, fortaleses i oportunitats de l'empresa.

- Per conèixer les necessitats dels clients, la interacció amb una marca, producte o servei, s'empren eines com el customer experience, el customer journey i el user experience.

- Per entendre els problemes o necessitats dels clients, s'utilitzen les entrevistes de problemes, mitjançant les quals s'obté informació directa i ajuden les empreses a dissenyar solucions més efectives. Es poden fer servir eines complementàries, com les mètriques NPS, les mètriques CES i els focus groups.

- El prototipatge és el procés de crear una versió preliminar del producte, servei o solució. Es proven per detectar errors o millores abans d'arribar a la producció final. Pot ser d'alta o baixa fidelitat.

- En la validació, es recopilen comentaris sobre l'ús i funcions i es fan ajustos abans de llançar la versió final del producte o servei al mercat.

- El màrqueting exerceix un paper fonamental en les tècniques de comunicació i venda.

- En la comunicació, la manera com les empreses transmeten el seu missatge, algunes tècniques són l'storytelling, el màrqueting de continguts, la publicitat digital i el màrqueting omnicanal.

- Pel que fa a les tècniques de venda en el màrqueting, es busca influir en el procés de compra i s'apliquen diverses tècniques, com l'embut de vendes, les vendes consultives, el cross-selling i upselling i les vendes emocionals.

1. **El públic objectiu és:**
   a) El conjunt de persones al qual una empresa o marca dirigeix els seus productes, serveis o campanyes de màrqueting.
   b) Són accions efectuades per un grup de persones per mantenir una ocupació.
   c) Són accions planificades que una persona pot dur a terme per augmentar les seves possibilitats de trobar feina.
   d) Totes són correctes.

2. **El buyer persona:**
   a) És una tècnica de planificació estratègica aplicada i emprada en el context personal.
   b) Es tracta d'una representació fictícia i detallada del client ideal d'una empresa.
   c) És una tècnica de planificació estratègica aplicada i emprada en el context professional.
   d) Totes són correctes.

3. **El procés creatiu:**
   a) És el conjunt de passos i tècniques que s'utilitzen per generar idees innovadores i desenvolupar solucions originals a problemes.
   b) El mapa d'empatia i la proposta de valor són dues eines clau que ajuden a comprendre el client i oferir productes o serveis alineats amb les seves necessitats.
   c) El mapa d'empatia és l'eina utilitzada per obtenir una comprensió profunda dels usuaris o clients.
   d) Totes són correctes.

4. **El balanç social és:**
   a) Una eina que permet a les empreses i organitzacions avaluar i comunicar l'impacte de les seves activitats en termes socials, econòmics i ambientals.
   b) Un procés pel qual es contacta amb les referències proporcionades pel candidat i en què s'utilitzen serveis de verificació d'antecedents.
   c) És una eina complementària.
   d) Totes les anteriors.

5. **El customer experience:**
   a) És el recorregut que una persona segueix des que té coneixement d'una marca fins que es converteix en client.
   b) És el conjunt total de percepcions i emocions que un client experimenta al llarg de totes les interaccions amb una empresa.
   c) És una tècnica de planificació estratègica aplicada i empleada en el context personal.
   d) Cap no és correcta.

6. **El producte interior brut:**
   a) És el nivell en el qual els ingressos cobreixen les despeses o costos totals (costos fixos + costos variables), sense generar pèrdues ni guanys.
   b) Indica l'augment dels preus en una economia.
   c) Serveix per mesurar el valor total de béns i serveis produïts per una economia.
   d) Totes són correctes.

7. **Amb el tipus de canvi:**
   a) Es mesuren les entrades i sortides d'efectiu en una empresa durant un període determinat.
   b) Influeix en la competitivitat de les exportacions i importacions.
   c) Es mesuren les sortides d'efectiu en una empresa durant un període determinat.
   d) Totes són correctes.

8. **La taxa d'interès:**
   a) Inclou els interessos o impostos.
   b) Afecta el cost de finançament i els nivells de consum i inversió.
   c) Inclou els costos operatius, com ara salaris i lloguers, però no els interessos o impostos.
   d) Totes són correctes.

9. **Amb el màrqueting, es busca influir en el procés de compra, per la qual cosa s'apliquen diverses tècniques de venda:**
   a) Com l'storytelling, el màrqueting de continguts, la publicitat digital i el màrqueting omnicanal.
   b) Com l'embut de vendes, les vendes consultives, el cross-selling i upselling i les vendes emocionals.
   c) Com una tècnica de venda al detall, que implica l'obertura d'una botiga definitiva en una ubicació específica durant un període de temps limitat.
   d) Totes les anteriors.

10. **El prototipatge:**
    a) És el procés de crear una versió preliminar del producte, servei o solució.
    b) Es proven els productes o serveis per detectar errors o millores abans d'arribar a la producció final.
    c) Pot ser d'alta o baixa fidelitat.
    d) Totes les anteriors.

ACTIVITAT 1

Entra a la pàgina web d'Airbnb (https://www.airb-nb.es/help/article/2503), on trobaràs informació sobre com funciona aquesta empresa. Mitjançant l'aplicació de la metodologia Business Model Canvas, desenvolupa el segment de mercat, la proposta de valor, els canals i la relació amb els seus clients.

ACTIVITAT 2

Crea el *buyer persona* per a una empresa de domòtica; per a això, ens basem en el següent supòsit pràctic:

L'empresa HomeTech Solutions desenvolupa dispositius domòtics orientats a l'automatització de llars petites i apartaments urbans. El seu principal producte és un paquet inicial amb sensors per controlar la il·luminació i la temperatura des d'una *app* mòbil.

L'objectiu és identificar un *buyer persona* per dirigir millor les estratègies de màrqueting i vendes. Per a això, ha dut a terme una recerca de mercat, de manera que s'arriba a les conclusions següents:

- Enquestes a clients potencials i anàlisis de dades del mercat local.

- Dades clau:

  o El 70 % dels interessats són *millennials* (de 25 a 35 anys).

  o Els usuaris busquen tecnologies accessibles i d'instal·lació fàcil.

  o El 50 % viu en apartaments de menys de 90 metres quadrats.

Per crear el *buyer persona*, determina'n les dades personals, el comportament, els punts de dolor, les motivacions, els canals preferits i el missatge clau.

ACTIVITAT 3

Duu a terme l'anàlisi Pestel d'una empresa de transports fictícia, especialitzada en transport de mercaderies d'àmbit nacional, que vol analitzar el seu entorn macroeconòmic per identificar oportunitats i amenaces de cara a l'expansió del seu servei el 2024. Pots fer servir la plantilla facilitada en la unitat per a una millor visualització de l'anàlisi.

ACTIVITAT 4

Crea un *storytelling* sobre una empresa de venda de roba vintage.

Pots ajudar-te de la informació establerta en la pàgina següent: https://sernagrp.com/blog/como-hacer-storytelling/.

U 5

El projecte emprenedor

En aquesta unitat estudiaràs:

- Conceptes clau d'emprenedoria i innovació social.
- Lideratge ètic i sostenible en les organitzacions.
- Tecnologia com a motor del canvi productiu.
- Design thinking per identificar necessitats socials i ambientals.
- Disseny de models de negoci ecosocials i tecnològics.
- Alineació de metes de desenvolupament sostenible amb els negocis.

Amb el teu estudi seràs capaç de:

- Analitzar conceptes bàsics d'emprenedoria i innovació social.
- Reflexionar sobre el lideratge ètic i sostenible.
- Avaluar la tecnologia com a motor del canvi productiu.
- Utilitzar pensament de disseny per detectar necessitats.
- Dissenyar models de negoci ecosocials o tecnològics.
- Estudiar la viabilitat i opcions financeres responsables.

5.1 ANÀLISI DELS CONCEPTES BÀSICS D'EMPRENEDORIA I INNOVACIÓ SOCIAL

L'emprenedoria és el procés d'identificar, desenvolupar i dur a terme una idea o projecte, generalment per crear un negoci o una organització amb un impacte econòmic, social o cultural. Implica una mentalitat proactiva i orientada a l'acció en què els emprenedors busquen oportunitats, gestionen recursos i assumeixen riscos per generar valor.

La innovació social s'enfoca a desenvolupar solucions amb les quals s'abordin necessitats socials de manera efectiva i sostenible, de forma que generin un impacte positiu. Es tracta d'utilitzar la creativitat i el pensament innovador per resoldre problemes socials, ambientals o culturals que afecten la comunitat o l'entorn global.

En l'emprenedoria social es combinen tots dos conceptes, ja que s'apliquen principis emprenedors a projectes amb una finalitat social o ambiental. Els emprenedors socials busquen generar impacte positiu mentre construeixen models de negoci sostenibles que permetin la continuïtat i expansió de les seves iniciatives.

Tots dos conceptes es complementen i potencien mútuament, per no només generar valor econòmic, sinó també un canvi positiu en la societat. Tots dos requereixen creativitat, gestió de recursos i visió clara per identificar i aprofitar oportunitats, sigui per al benefici econòmic o per al social.

5.1.1 El lideratge ètic i sostenible en les organitzacions

Quan es parla de lideratge ètic i sostenible, es tracta de buscar no només l'enfocament econòmic (resultats), sinó de considerar els principis ètics i l'impacte ambiental i social de les decisions empresarials; és a dir, de promoure la responsabilitat, la integritat i el respecte per les persones i l'entorn dins de les organitzacions. Són principis d'un lideratge ètic i sostenible:

- *La integritat i transparència:* així, els líders actuen amb honestedat, mantenint una conducta coherent amb els seus valors i els de l'organització, i fomenten la transparència en la presa de decisions.

- *Responsabilitat social i ambiental:* ja que es busca mitigar els efectes negatius i es promouen pràctiques sostenibles; a més, es treballa per integrar els objectius de desenvolupament sostenible (ODS) en l'estratègia empresarial i, així, contribuir al benestar i la cura del medi ambient.

- *Orientació a llarg termini:* en lloc dels beneficis immediats, es busca un creixement sostenible que beneficiï l'empresa i la societat.

- *Desenvolupament de talent:* es fomenten el respecte i la diversitat en l'empresa, perquè tots se sentin valorats i amb igualtat d'oportunitats per créixer i desenvolupar-se professionalment. Es promou el que es denomina «lideratge inclusiu», caracteritzat per escoltar i valorar les diferents perspectives dins de l'organització.

El fet que una empresa compti amb un lideratge ètic i sostenible repercuteix en la mateixa empresa i li aporta un seguit de beneficis perquè, en primer lloc, implica una millor reputació, en atreure clients compromesos amb valors semblants; en segon lloc, el seu entorn laboral fomenta la lleialtat i el compromís dels empleats amb l'empresa, la qual cosa redueix la rotació o canvi de personal; finalment, les empreses es tornen més innovadores, perquè busquen solucions amb les quals equilibrar el rendiment econòmic amb l'impacte positiu.

EXEMPLE 1

El propietari d'una empresa d'automoció especialitzada en la fabricació de vehicles elèctrics i solucions de mobilitat sostenible ha decidit enfocar el seu lideratge en l'ètica i la sostenibilitat, per diferenciar l'empresa i garantir-ne el creixement a llarg termini. Determina les accions i estratègies que ha d'implementar en l'empresa.

Solució:

Compromís amb la sostenibilitat: a tal fi, es redueix la petjada de carboni mitjançant l'ús d'energies renovables. També s'introdueix un programa de reciclatge de bateries de vehicles elèctrics per minimitzar l'impacte ambiental i promoure una economia circular.

Transparència i ètica: es revisa la cadena de subministrament perquè tots els materials provinguin de fonts responsables. Per tal de garantir la transparència, es publiquen informes anuals que detallen les pràctiques dels seus responsables i els resultats de les auditories de sostenibilitat.

Desenvolupament de talent: s'assegura la igualtat d'oportunitats per als empleats i es promouen programes de formació perquè desenvolupin les seves habilitats en temes de sostenibilitat.

Contribució a la comunitat: es donen vehicles elèctrics i s'implementen estacions de càrrega gratuïta en zones rurals.

5.1.2 La importància de la tecnologia com a base del canvi del model productiu

Es pot definir la tecnologia com el conjunt de coneixements, tècniques, mètodes i eines que les persones utilitzen per dissenyar, desenvolupar i aplicar solucions a problemes específics, la qual cosa facilita la transformació de recursos en productes o serveis útils. Per tant, en la pràctica, el seu ús comprèn tant eines simples com sistemes avançats de programari i maquinari que contribueixen a l'evolució de la societat i l'economia i a impulsar la innovació i el canvi en l'entorn productiu i social.

Per transformar i modernitzar el model productiu, la tecnologia és fonamental, ja que incrementa la productivitat i fomenta la sostenibilitat. Per tant, és vital adaptar-se a la digitalització, automatització i desenvolupament d'energies netes.

En relació amb l'automatització i l'ús de la intel·ligència artificial, propicia que l'empresa optimitzi els processos i redueixi costos, la qual cosa augmenta la productivitat i, a més, allibera recursos que poden ser destinats a altres àrees d'innovació.

Alhora, promou la creació de nous productes, serveis i models de negoci; per exemple, l'economia digital i les plataformes en línia han generat noves oportunitats empresarials en sectors com el comerç electrònic i les fintechs. A més a més, el desenvolupament de noves tecnologies, com el *blockchain* o la Internet de les coses (IoT), ha canviat la manera en què les empreses interactuen amb els seus clients i gestionen les seves operacions.

A causa de tecnologies com les energies renovables, l'eficiència energètica i l'economia circular, les empreses han reduït la petjada de carboni arran de l'adopció de pràctiques més responsables amb el medi ambient.

Aquest canvi tecnològic ha impulsat la demanda de noves habilitats i professions, la qual cosa obre oportunitats en sectors emergents com el desenvolupament de programari, la ciberseguretat i la robòtica. A més, la tecnologia facilita la capacitació i l'aprenentatge continu a través de plataformes digitals, la qual cosa esdevé fonamental per a l'adaptació de la força laboral al nou entorn productiu.

Per això, en un món globalitzat, les empreses han d'adaptar-se ràpidament a les noves condicions del mercat. La tecnologia permet aquesta adaptació mitjançant eines digitals que faciliten l'anàlisi de dades, la presa de decisions i la personalització de productes i serveis. Això millora la competitivitat i permet a les empreses mantenir-se rellevants en un entorn dinàmic.

En resum, la tecnologia és el motor que impulsa l'evolució dels models productius cap a sistemes més eficients, innovadors i sostenibles i, per tant, resulta crucial per al desenvolupament econòmic i social.

5.2 DESENVOLUPAMENT DEL PENSAMENT DE DISSENY PER A LA DETECCIÓ DE NECESSITATS SOCIALS I MEDIAMBIENTALS

Es tracta d'una metodologia centrada en la persona, ja que s'utilitza per identificar, entendre i resoldre problemes socials i mediambientals d'una manera innovadora; es denomina «pensament de disseny» (*design thinking*).

Per a la detecció d'aquestes necessitats, se segueixen aquests passos:

- En primer lloc, s'empatitza; és a dir, es coneixen a fons les persones i el context, posant-se en el seu lloc, per poder-ne identificar les necessitats.
- En segon lloc, es defineix el problema concret que es vol resoldre, comprenent-ne les causes.
- En tercer lloc, s'idea mitjançant una varietat de solucions possibles, utilitzant el brainstorming i incentivant la creativitat per trobar idees innovadores amb impacte positiu en el medi ambient.
- En quart lloc, es prototipa, desenvolupant versions inicials amb models físics, simulacions o representacions gràfiques que en provin la viabilitat.
- En cinquè lloc, es proven els prototips en context real per obtenir retroalimentació i millorar la solució.
- Per acabar, s'implementa la solució i se'n fa un seguiment per dur-hi a terme ajustos o millores.

Figura 5.1 Esquema de *design thinking*.

DESIGN THINKING
Metodologia centrada en la persona. Identificar, entendre i resoldre problemes socials i mediambientals de manera innovadora.
EMPATITZAR
Conèixer a fons les persones i el context, posant-se en el seu lloc per poder-ne identificar les necessitats.
DEFINIR
El problema concret que es desitja resoldre comprenent les causes.
IDEAR
Solucions possibles incentivant la creativitat.
PROTOTIPAR
Desenvolupar versions inicials per mitjà de models físics, simulacions o representacion s gràfiques.
TESTAR
Els prototips en context real per obtenir retroalimentació.

Amplia la figura aquí

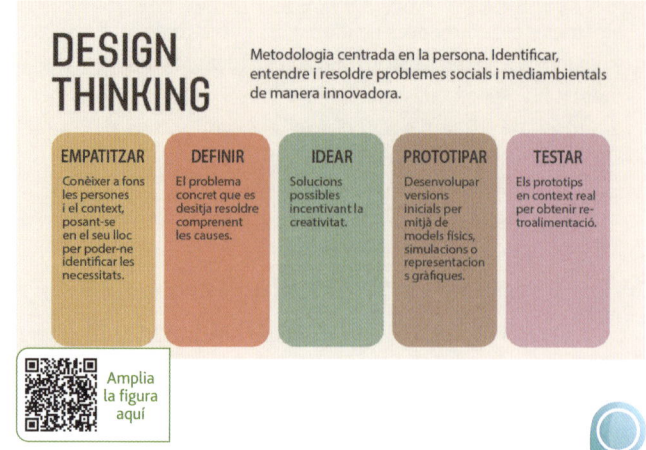

EXERCICI 2

La clínica Salut Integral es va adonar que molts pacients es queixaven dels llargs temps d'espera, la falta d'informació clara i les dificultats per coordinar cites i tractaments. Per resoldre tals problemes, l'equip de la clínica decideix aplicar la metodologia del pensament de disseny. Determina els passos a seguir. Pots utilitzar la teva plantilla per visualitzar millor els problemes detectats.

Figura 5.2 Esquema de Business Model Canvas Sostenible.

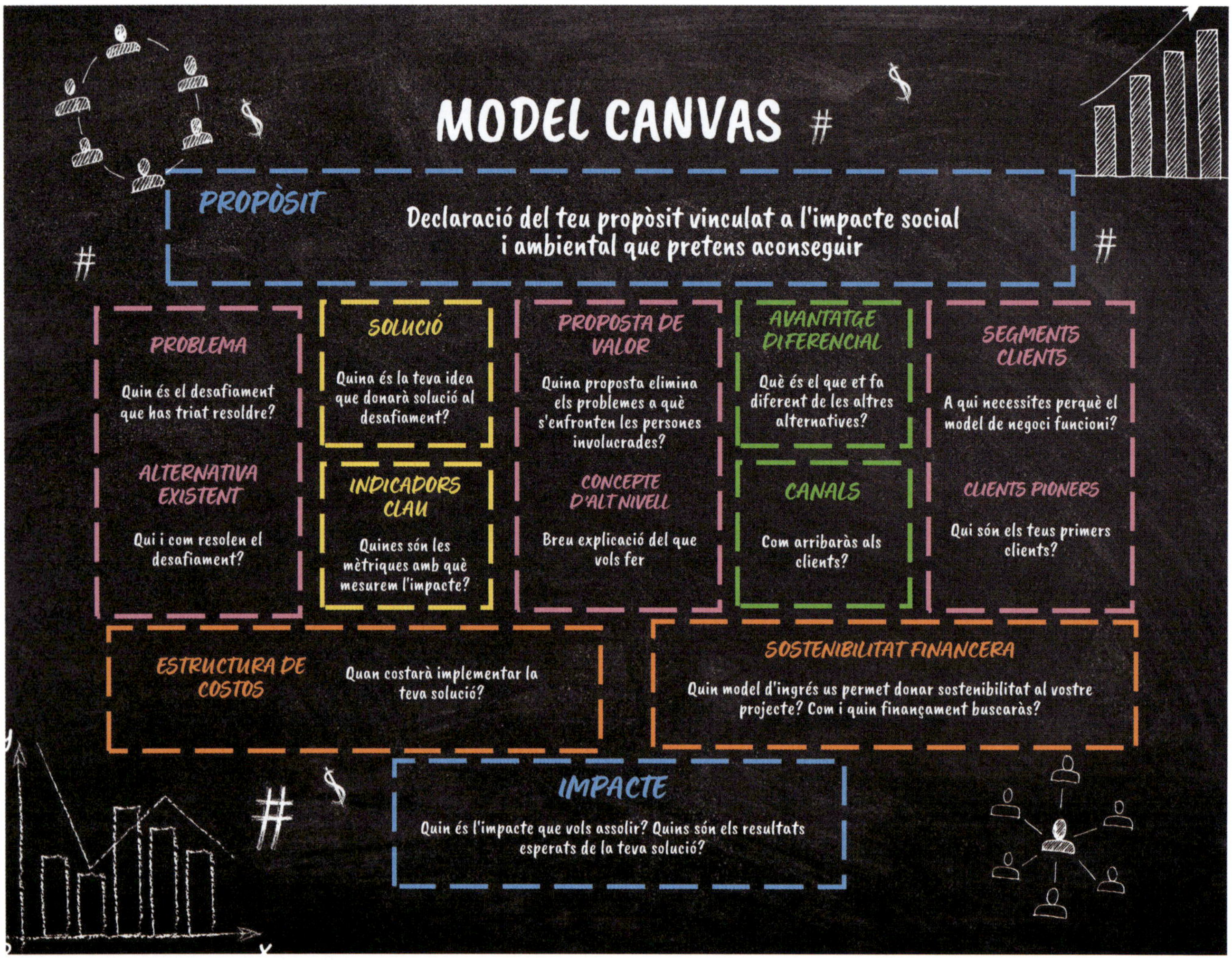

MODEL CANVAS
PROPÒSIT
Declaració del teu propòsit vinculat a l'impacte social i ambiental que pretens aconseguir
PROBLEMA
Quin és el desafiament que has triat resoldre?
ALTERNATIVA EXISTENT
Qui i com resolen el desafiament?
SOLUCIÓ
Quina és la teva idea que donarà solució al desafiament?
INDICADORS CLAU
Quines són les mètriques amb què mesurem l'impacte?
PROPOSTA DE VALOR
Quina proposta elimina els problemes a què s'enfronten les persones involucrades?
CONCEPTE D'ALT NIVELL
Breu explicació del que vols fer
AVANTATGE DIFERENCIAL
Què és el que et fa diferent de les altres alternatives?
CANALS
Com arribaràs als clients?
SEGMENTS CLIENTS
A qui necessites perquè el model de negoci funcioni?
CLIENTS PIONERS
Qui són els teus primers clients?
ESTRUCTURA DE COSTOS
Quan costarà implementar la teva solució?
SOSTENIBILITAT FINANCERA
Quin model d'ingrés us permet donar sostenibilitat al vostre projecte? Com i quin finançament buscaràs?
IMPACTE
Quin és l'impacte que vols assolir? Quins són els resultats esperats de la teva solució?

5.2.1 Anàlisi dels elements del disseny de models de negoci ecosocials i/o de base tecnològica

Per analitzar els elements dels models de negoci ecosocials i de base tecnològica, en aquest punt es farà servir el Business Model Canvas, estudiat en la unitat 4 del llibre, ja que constitueix una eina visual que permet descompondre i organitzar els components clau d'un negoci en nou seccions: proposta de valor, segments de clients, canals de distribució, relacions amb els clients, fonts d'ingressos, recursos clau, activitats clau, socis clau i estructura de costos. A més a més, aquesta metodologia és útil per analitzar i dissenyar models de negoci de manera integral, la qual cosa permet veure com cada element es connecta i contribueix a l'objectiu general del negoci; en aquest cas, amb un enfocament en sostenibilitat i impacte social positiu.

Tenint en compte l'esquema de la figura 5.2 i les seves nou seccions, s'analitza el model de negoci, tant la part ecosocial com la tecnològica.

1. Proposta de valor

- Ecosocial: se centra a oferir productes o serveis que millorin el benestar social i ambiental; per exemple, energies netes o productes que promoguin l'economia circular.

- Base tecnològica: s'aporten solucions innovadores a través de tecnologies avançades, com l'ús de programari, per optimitzar processos o aplicacions mòbils, per tal de connectar usuaris i serveis.

2. Segments de clients

- Ecosocial: es dirigeix a consumidors conscients que busquen opcions sostenibles i responsables, o a comunitats vulnerables, que es beneficien de solucions específiques (com ara accés a aigua potable).

- Base tecnològica: es pot tractar d'empreses, usuaris finals o institucions que necessitin eines tecnològiques per resoldre problemes específics o millorar la seva eficiència.

3. Canals de distribució

- Ecosocial: s'utilitzen canals que minimitzen la petjada de carboni, com ara plataformes en línia, per reduir l'ús de paper, o xarxes locals, per escurçar distàncies i fer costat a productors locals.

- Base tecnològica: predominen els canals digitals, com ara aplicacions mòbils, *software as a service* (SaaS) i plataformes de comerç electrònic.

4. Relacions amb els clients

- Ecosocial: s'enfoca en l'educació i la conscienciació del client sobre pràctiques sostenibles i impacte positiu de les seves eleccions de consum.

- Base tecnològica: s'entaula una relació automatitzada mitjançant plataformes digitals, que permeten la personalització i el servei al client eficient a través de, per exemple, *chatbots* (programes informàtics que permeten simular una conversa amb usuaris finals humans).

5. Fonts d'ingressos

- Ecosocial: poden provenir de la venda de productes sostenibles i serveis d'impacte social o a través de subsidis i finançament públic.

- Base tecnològica: inclou subscripcions, llicències de programari, anuncis digitals o models freemium, que evolucionen a serveis prèmium.

6. Recursos clau

- Ecosocial: es tracta de recursos naturals gestionats de manera sostenible, coneixements en pràctiques ecoamigables i aliances amb organitzacions no governamentals (ONG) o governs.

- Base tecnològica: es nodreix d'una infraestructura tecnològica (data centers o equips de desenvolupament), talent especialitzat en tecnologies de la informació (TI) i capital intel·lectual (patents, algorismes, programari, etc.).

7. Activitats clau

- Ecosocial: es desenvolupa en la producció sostenible, la gestió de projectes d'impacte social i les campanyes de conscienciació ambiental.

- Base tecnològica: es nodreix del desenvolupament de programari, el manteniment de plataformes, l'anàlisi de dades i l'actualització constant de tecnologies.

8. Socis clau

- Ecosocial: ONG, institucions governamentals i cooperatives i comunitats locals que comparteixin la visió de sostenibilitat.

- Base tecnològica: empreses tecnològiques, proveïdors de serveis de dades, consultores i universitats per a recerca i desenvolupament.

9. Estructura de costos

- Ecosocial: inclou costos en processos sostenibles, inversió en pràctiques responsables i certificacions ecològiques.

- Base tecnològica: es compon de desenvolupaments tecnològics, manteniment de servidors, costos de programació i màrqueting digital.

L'anàlisi d'aquests elements permet desenvolupar models de negoci amb els quals no només es busca la rendibilitat, sinó que també es prioritza l'impacte positiu en la societat i el medi ambient, fent servir la tecnologia com a palanca per maximitzar-ne els efectes.

5.2.2 Alineació dels objectius de desenvolupament sostenible amb els models de negoci

Aquesta alineació implica integrar els ODS en les estratègies i operacions empresarials per aconseguir un impacte positiu en la societat i el medi ambient. Això és així perquè les empreses no només busquen rendibilitat econòmica, sinó que també es comprometen amb el desenvolupament sostenible a llarg termini.

Per això, algunes formes d'alineació dels ODS amb els models de negoci són les següents:

1. Una proposta de valor responsable, en la qual les empreses dissenyen productes i serveis amb els quals s'aborden directament un o diversos dels ODS, com ara l'accés a energia assequible i no contaminant (ODS 7) o productes que promoguin la salut i el benestar (ODS 3).

2. Una estructura sostenible en la cadena de subministrament. En aquest cas, les empreses per alinear-se amb l'ODS 12 (producció i consum responsables) poden implementar pràctiques sostenibles en les seves cadenes de subministrament, reduint residus, triant materials ecològics i garantint condicions laborals justes (ODS 8).

3. Una economia circular, com ara models de negoci alineats amb l'ODS 12, que se centri a reutilitzar, reciclar i reduir l'ús de recursos per minimitzar l'impacte ambiental.

4. Incloure estratègies inclusives i diverses, en les quals les empreses integren la igualtat de gènere (ODS 5) i el treball decent (ODS 8) en les polítiques d'ocupació, assegurant que les seves operacions promoguin la inclusió social i l'equitat i que reflecteixin un compromís amb el benestar dels seus empleats i comunitats.

5. La innovació i tecnologia. Així, les empreses inverteixen en recerca i desenvolupament per a solucions tecnològiques que redueixin emissions (ODS 13) o que garanteixin l'accés a l'educació de qualitat (ODS 4), alineant-se amb els ODS.

6. Les col·laboracions i aliances estratègiques entre empreses, governs i ONG són crucials per a l'ODS 17 (aliances per aconseguir els objectius). Les empreses poden associar-se amb altres entitats per potenciar el seu impacte social i ambiental, a través de projectes compartits i sinergies.

7. El mesurament i report d'impacte, amb la incorporació de mètriques de sostenibilitat en el model de negoci, permet mesurar l'impacte en els ODS i ajustar estratègies per maximitzar els resultats positius. Això inclou elaborar informes de sostenibilitat i avaluar el balanç social.

En conclusió, l'alineació dels ODS amb els models de negoci millora la imatge i reputació de les empreses, però, a més a més, crea noves oportunitats de mercat, i així contribueix al benestar global.

EXERCICI 3

En una empresa dedicada a la producció d'envasos biodegradables per a la indústria alimentària, la seva proposta de valor se centra a reduir l'impacte ambiental, associat als plàstics d'un sol ús. Determina alguns dels ODS que poden alinear-se amb aquesta proposta.

5.3 FORMES JURÍDIQUES I ASSOCIATIVES QUE PODEN APLICAR-SE AL PROJECTE EMPRENEDOR

En un projecte emprenedor, les formes jurídiques i associatives que poden aplicar-se depenen de diversos factors, com el tipus d'activitat, el nombre de socis, el capital inicial i els objectius del negoci. En l'elecció de la forma jurídica, també influeix la burocràcia en la constitució i posada en marxa de l'empresa, encara que no ha de ser una trava en l'elecció, ja que hi ha la possibilitat de contractar aquests serveis a una gestoria, encara que sí que suposa un cost econòmic addicional.

Pel que fa al nombre de socis, depèn de la forma jurídica triada, ja que està condicionada segons la llei a un nombre mínim i un de màxim. I un altre factor que hi influeix és el relatiu al grau d'inversió, atès que determinats tipus de societats requereixen un capital mínim (capital social) per constituir-se.

GLOSSARI

Un **soci** és una persona física o jurídica que s'uneix a altres per constituir una entitat amb un fi comú, generalment de caràcter econòmic, professional o social. En el context empresarial, un soci aporta capital, treball, coneixements o recursos i, a canvi, rep una participació en els beneficis i en la presa de decisions de l'entitat, segons el que s'estableix en els estatuts de l'empresa o societat.

El **capital social** el conforma el conjunt de recursos econòmics que els socis o accionistes aporten a una empresa en el moment de la seva constitució o en ampliacions de capital posteriors. Aquest capital s'utilitza per finançar les activitats de l'empresa i representa una garantia per als creditors, ja que actua com a suport financer de l'entitat.

APRÈN MÉS

Per estar actualitzat sobre les diferents formes jurídiques, visita la pàgina següent:

https://plataformapyme.es/es-es/creacion/formas-juridicas/Paginas/default.aspx

Figura 5.3 Esquema de diferents tipus de forma jurídica segon el nombre de socis i el capital social mínim exigible.

FORMA JURÍDICA	NOMBRE DE SOCIS	CAPITAL SOCIAL MÍNIM
Empresari individual	1 (persona física)	No es requereix capital social
SOCIETATS DE CAPITAL		
Són aquelles entitats mercantils el principal element constitutiu de les quals és el capital aportat pels socis. La responsabilitat dels socis està limitada al capital que hi hagin aportat, la qual cosa protegeix el seu patrimoni personal.		

Figura 5.3 (Continuació).

FORMA JURÍDICA	NOMBRE DE SOCIS	CAPITAL SOCIAL MÍNIM
Societat limitada (SL)	Nombre mínim de socis: 1 (pot ser unipersonal o tenir diversos socis) Nombre màxim de socis: no hi ha límit	3.000 euros (a efecte de responsabilitat davant de creditors) La Llei 18/22, del 28 de setembre, de creació i creixement. d'empreses, permet la constitució d'una SL amb un capital d'un euro, encara que estableix les regles següents: que cal destinar a la reserva legal una xifra almenys igual al 20 % del benefici, fins que aquesta reserva, juntament amb el capital social, assoleixi l'import de 3.000 euros, i, en cas de liquidació voluntària o forçosa, si el patrimoni de la societat és insuficient, els socis han de respondre solidàriament respecte a la diferència entre l'import de 3.000 euros i la xifra del capital subscrit Pot ser en metàl·lic o en béns, però ha de ser completament desemborsat en el moment de la constitució
Societat anònima (SA)		60 000 euros Almenys, el 25 % del capital ha de ser desemborsat en constituir-se la societat
SOCIETATS D'ECONOMIA SOCIAL		
Són organitzacions que prioritzen els valors socials, la cooperació i l'impacte positiu en la comunitat per sobre de la mera obtenció de beneficis econòmics		
Societat limitada laboral (SLL)	Nombre mínim de socis: tres (almenys, la majoria han de ser treballadors de l'empresa) Nombre màxim de socis: no hi ha límit	Igual que la SL.
Societat anònima laboral (SAL)		Igual que la SA.

Figura 5.3 (Continuació).

FORMA JURÍDICA	NOMBRE DE SOCIS	CAPITAL SOCIAL MÍNIM
Societat cooperativa	Nombre mínim de socis: tres socis, encara que en alguns casos específics (com ara cooperatives de treball associat en algunes comunitats autònomes), el mínim pot variar Nombre màxim de socis: no hi ha límit	Varia segons la comunitat autònoma i el tipus de cooperativa (de primera o segon grau). En general, no acostuma a ser una quantitat elevada i es determina en els estatuts de la cooperativa
SOCIETATS CIVILS		
Són entitats de base associativa que poden tenir objecte de naturalesa mercantil o civil		
Societat civil	Nombre mínim de socis: dos Nombre màxim de socis: no hi ha límit	No hi ha capital mínim establert, però els socis han de fer aportacions (en diners, béns o treball), acordades en el contracte

Un dels factors més importants és la responsabilitat patrimonial dels promotors, ja que d'això depèn de com es respon davant dels deutes de l'activitat empresarial. Hi ha dos tipus de responsabilitat: la il·limitada i la limitada. En la il·limitada es respon, a més dels béns, drets i capital de l'empresa, amb tots els béns presents i futurs dels socis; és el cas de l'empresari individual i de la societat civil. En la responsabilitat limitada, només es respon amb el que s'ha aportat a l'empresa, mai amb els béns personals dels promotors; és el cas de la resta de les societats vistes en la taula anterior.

CURIOSITATS

Segons qui està obligat a respondre del deute, la responsabilitat es classifica en:

Solidària: es pot exigir la totalitat del deute a qualsevol dels socis.

Subsidiària: quan una persona assumeix el deute, en comptes de l'obligat principal.

Mancomunada: cada soci respon del deute en proporció al que ha aportat.

Un altre dels factors és el ***règim de tributació***, ja que hi ha formes jurídiques subjectes a l'impost sobre la renda de les persones físiques (IRPF) en les seves diferents modalitats, sigui en estimació directa o estimació objectiva, i d'altres sotmeses a l'impost de societats (IS).

Pel que fa a l'***IRPF***, en l'apartat sobre rendiments d'activitats econòmiques, l'empresari individual hi ha d'incloure els beneficis. Per calcular aquest benefici net de la facturació anual, els empresaris poden acollir-se a diferents règims de tributació de l'IRPF. Aquests règims exigeixen la realització de pagaments fraccionats trimestrals a l'Agència Tributària; és a dir, lliurar unes quantitats a compte del que els correspondrà pagar quan es liquidi l'impost, entre l'1 de maig i el 30 de juny del següent any. El tipus impositiu varia en funció del rendiment del negoci, de manera que s'incrementa com més es guanya.

APRÈN MÉS

En relació amb els diferents règims de tributació de l'IRPF per a empresaris individuals i professionals, al lloc web de l'Agència Tributària trobaràs tota la informació actualitzada.

Entra a l'enllaç següent:

https://sede.agenciatributaria.gob.es/Sede/irpf/empresarios-individuales-profesionales/regimenes-determinar-rendimiento-actividad.html

Pel que fa a l'***impost de societats* (IS)**, es tracta d'un impost amb el qual es graven les rendes de les societats i entitats jurídiques. L'objecte d'aquest tribut són els beneficis obtinguts per l'empresa. El tipus impositiu és diferent en cada cas, però el tipus general en l'IS és un 25 % de les rendes en concepte d'impostos. Tot i això, l'1 de gener del 2023 es va introduir **un tipus de gravamen reduït del 23 %** per a les entitats amb un import net de negocis inferior a un milió d'euros en el període impositiu immediatament anterior. S'ha de liquidar cada 12 mesos. Es poden fer pagaments a compte en els primers vint dies d'abril, octubre i desembre. La liquidació de l'impost s'ha de fer entre l'1 i el 25 de juliol de cada any.

GLOSSARI

El **tipus impositiu d'un impost** és el percentatge o la tarifa que s'aplica sobre la base imposable d'un tribut per calcular l'import que el contribuent ha de pagar. En altres paraules, constitueix la taxa amb la qual es defineix quant s'ha de pagar d'impostos en funció de la quantitat gravada (com ara ingressos, patrimoni, vendes, etc.).

APRÈN MÉS

En relació amb l'IS, atesa la seva complexitat i per tenir-ne una visió més concreta i actualitzada, visita la pàgina de l'Agència Tributària:

https://sede.agenciatributaria.gob.es/Sede/impuesto-sobre-sociedades.html

Figura 5.4 Esquema simplificat dels passos per calcular el IS.

PASSOS	DESCRIPCIÓ
1r. Es determina la base imposable (vegeu el resultat de compte de pèrdues i guanys)	Part del benefici comptable abans d'impostos, que inclou ingressos menys despeses
	Realització d'ajustos fiscals (ingressos no computables i despeses no deduïbles), segons la normativa fiscal
2n. Aplicació de deduccions fiscals, si n'hi ha	Com, per exemple, incentius per R+D+I o deducció per creació d'ocupació, entre altres
	Resta de les deduccions fiscals aplicables al resultat anterior
3r. Càlcul de la quota íntegra	Multiplicació de la base imposable, ajustada pel tipus impositiu
4t. Resta de bonificacions i deduccions a la quota íntegra	Aplicació de qualsevol bonificació o deducció addicional que sigui aplicable

Figura 5.4 (Continuació).

PASSOS	DESCRIPCIÓ
5è. Obtenció de la quota líquida	La quantitat resultant després d'aplicar deduccions i bonificacions és la quota líquida, que serà l'**IS a pagar**
6è. Obtenció de quota diferencial	La quantitat resultant, després de restar a la quota líquida els pagaments fraccionats realitzats (pagaments anticipats durant l'exercici fiscal) Aquesta quota pot sortir a pagar o a retornar

EXEMPLE 4

Una empresa té un benefici de 100.000 euros i un ajust de determinades despeses no deduïbles de 10.000. El seu tipus impositiu per a l'IS és el 25 %. Calcula la seva quota líquida.

Solució:

Calculem la base imposable, restant al benefici les despeses no deduïbles, a saber, 100.000 − 10.000 = 90.000 euros, i, sobre aquesta, apliquem el tipus del 25 %, és a dir, el 25 % de 90.000 = 22.500 euros, que serà la quota líquida, la quantia de l'IS a pagar.

EXERCICI 4

Davant els següents escenaris que es plantegen, determina quina forma jurídica seria la més adequada atès el capital social i el nombre de socis.

Escenari 1:

• **Nombre de socis**: 1

• **Capital social disponible**: 10 000 euros

• Objectiu: empresa de venda en línia de productes artesanals

Escenari 2:

• **Nombre de socis**: 5

• **Capital social disponible**: 70 000 euros

• **Objectiu**: empresa de construcció i reformes

Escenari 3:

• **Nombre de socis**: 3

• **Capital social disponible**: 15 000 euros

• **Objectiu**: cooperativa agrícola que distribueix productes orgànics

També les formes jurídiques es veuen exposades a altres impostos:

• ***Impost sobre activitats econòmiques.*** Aquest impost grava, de manera directa, la realització d'una activitat econòmica per part de persones jurídiques. Té una doble funció: de recaptació, per a les grans empreses, i de cens, per a empresaris i professionals.

APRÈN MÉS

En relació amb aquest impost, visita la pàgina de l'Agència Tributària:

https://sede.agenciatributaria.gob.es/Sede/declaraciones-informativas-otros-impuestos-tasas/impuesto-sobre-actividades-economicas.html

• **IVA.** Aquest impost grava el consum i recau sobre el consumidor final. Quan una empresa compra una mercaderia, ha de pagar l'IVA que li carregui el proveïdor; aquest IVA se'l coneix com a «IVA suportat». L'IVA que l'empresa ha suportat el descompta del que ha repercutit als seus clients. Si la quantitat resulta positiva, ha d'ingressar-la a l'Agència Tributària, i si la quantitat és negativa, l'Agència Tributària la hi retornarà.

Pel que fa als tipus d'IVA, el general és del 21 %; el reduït, del 10 %, i el superreduït, del 4 %.

APRÈN MÉS

En relació amb els tipus d'IVA, visita:

https://sede.agenciatributaria.gob.es/static_files/Sede/Tema/IVA/IVA_reperc/Tipos_IVA_2024.pdf

A més a més, tenen unes obligacions formals, com donar-se d'alta en el cens d'etiquetes i opcions de l'IVA, fer la declaració prèvia de l'IVA, exigir i lliurar les factures i conservar les còpies durant cinc anys i portar els llibres de registre de factures emeses i rebudes.

- ***Pagament de tributs municipals:*** s'han d'obtenir les llicències necessàries per a l'activitat, com la llicència d'obertura o activitat.

5.4 LA VIABILITAT DEL PROJECTE EMPRENEDOR: EL PLA FINANCER

Dins del projecte emprenedor, s'ha d'estudiar la viabilitat econòmica i financera del model de negoci. S'analitza si les entrades de diners que generarà l'empresa amb la seva productivitat són suficients per fer front a les inversions inicials (sortides de diners). També fa referència a si la idea de negoci és rendible; és a dir, partint de la previsió de beneficis, de les pèrdues i del patrimoni.

Per tant, el pla financer és un document clau dins d'un pla de negoci que té l'objectiu d'avaluar la viabilitat econòmica d'una idea o projecte empresarial. Aquest pla permet estimar els recursos financers necessaris, així com els ingressos i despeses esperades, la qual cosa ajuda a preveure la rendibilitat del negoci.

Figura 5.5 Esquema dels elements principals del pla financer.

ELEMENT	DEFINICIÓ
Inversió inicial	Quantitat de capital necessari per posar en marxa el negoci, incloent-hi costos de maquinària, tecnologia, lloguer, etc.
Projecció d'ingressos	Estimació de les vendes i els ingressos esperats en un període determinat (mensual, trimestral o anual)
Costos fixos i variables	Identificació dels costos fixos (lloguer, sous, assegurances, etc.) i els costos variables (matèria primera, comissions, despeses per vendes, etc.)

Figura 5.5 (Continuació).

ELEMENT	DEFINICIÓ
Punt d'equilibri o llindar de rendibilitat	Quantitat de vendes necessària per cobrir tots els costos, sense generar pèrdues ni guanys
Flux de caixa	Projecció de l'entrada i sortida de diners en el negoci, per assegurar que sempre hi hagi liquiditat disponible
Finançament	Fonts de finançament disponibles per al negoci, com ara préstecs bancaris, inversions de capital o fons propis
Ràtios financeres	Indicadors clau com el marge de beneficis, la rendibilitat sobre la inversió (ROI) i el retorn sobre el capital

── CURIOSITATS ──

Les ràtios financeres són indicadors que ajuden a analitzar la situació econòmica i financera d'una empresa a través de la relació entre les seves diferents partides comptables (sobre les partides comptables, vegeu epígraf 4.3, «Balanç» i 4.2, «Compte de resultats per al benefici»). Aquestes són les categories principals i alguns exemples de cadascuna:

1. Ràtios de liquiditat: serveixen per avaluar la capacitat de l'empresa per complir amb les seves obligacions a curt termini.

   Ràtio de liquiditat corrent: actiu corrent / passiu corrent.

   Ràtio de liquiditat ràpida (prova àcida): (actiu corrent – existències) / passiu corrent.

2. Ràtios d'endeutament: serveixen per mesurar el deute de l'empresa, en comparació amb els seus fons propis.

   Ràtio d'endeutament total: passiu total / patrimoni net.

   Ràtio de cobertura d'interessos: benefici abans d'interessos i impostos (EBIT) / interessos.

3. Ràtios de rendibilitat: determinen el rendiment de l'empresa en relació amb les seves vendes, actius o capital.

   Rendibilitat sobre el patrimoni net (ROE): benefici net / patrimoni net.

   Rendibilitat sobre actius (ROA): benefici net / actiu total.

   Marge de benefici net: benefici net / vendes.

Per tant, dins del pla financer, trobem tres parts: el pla de tresoreria, el compte de resultats i el balanç final previsible.

5.4.1 El pla de tresoreria

Es tracta d'una eina financera que permet gestionar els fluxos de caixa d'una empresa en un període de temps determinat, per assegurar que pugui complir amb les seves obligacions financeres. Aquest pla és fonamental per preveure les necessitats de liquiditat i assegurar que l'empresa pugui fer front als pagaments, la qual cosa evita situacions d'insolvència.

GLOSSARI

La **insolvència** és la incapacitat d'una persona o empresa per complir amb les seves obligacions de pagament en el moment en què aquestes vencen. Es refereix a una situació financera en la qual els passius o deutes superen als actius disponibles o l'efectiu necessari per pagar aquests deutes.

Els seus principals elements són:

1. **Ingressos de tresoreria:** els conformen totes les entrades de diners que s'espera rebre, com ara vendes, cobraments pendents, ingressos per finançament (préstecs o aportacions de socis) i subvencions.

2. **Pagaments de tresoreria:** es corresponen amb els desemborsaments previstos, com ara pagaments a proveïdors, salaris, impostos, despeses de lloguer i devolucions de préstecs.

3. **Saldo inicial de caixa:** són els diners disponibles a l'inici del període, que serveixen com a punt de partida.

4. **Saldo final de caixa:** es calcula sumant els ingressos i restant els pagaments al saldo inicial, que reflecteix la liquiditat que tindrà l'empresa al final del període.

EXEMPLE 5

Una empresa petita de venda d'articles esportius vol elaborar el seu pla de tresoreria mensual per als pròxims tres mesos. Aquestes són les dades disponibles:

Saldo inicial en caixa: 5000 euros

Ingressos previstos: mes 1: 8.000 euros; mes 2: 10.000 euros; mes 3: 12.000 euros

Pagaments previstos: mes 1: 6.500 euros; mes 2: 9.000 euros; mes 3: 10.500 euros

Amb aquestes dades, fes el pla de tresoreria mensual i calcula el saldo final de caixa per a cada mes.

Solució:

Per elaborar el pla de tresoreria, seguim els passos indicats:

1. Saldo inicial (inici del mes 1): 5000 euros

2. Sumem els ingressos previstos i restem els pagaments previstos cada mes, per obtenir el saldo final de caixa.

3. Càlculs per mes:

   Mes 1: saldo inicial: 5000 euros; ingressos: 8000 euros; pagaments: 6500 euros

   Saldo final: 5000 euros + 8000 euros − (6500 euros) = 6500 euros

   Mes 2: saldo inicial: 6500 euros; ingressos: 10 000 euros; pagaments: 9000 euros

   Saldo final: 6500 euros + 10 000 euros − (9000 euros) = 7500 euros

   Mes 3: saldo inicial: 7500 euros; ingressos: 12 000 euros; pagaments: 10 500 euros

   Saldo final: 7500 euros + 12 000 euros − (10 500 euros) = 9000 euros

Mes	Saldo inicial	Ingressos	Pagaments	Saldo final
1	5000	8000	6500	6500
2	6500	10 000	9000	7500
3	7500	12 000	10 500	9000

Al final dels tres mesos, l'empresa tindrà un saldo positiu en caixa de 9000 euros, la qual cosa indica que l'empresa té prou liquiditat per cobrir els pagaments i mantenir un marge d'efectiu disponible.

EXERCICI 5

Una empresa dedicada a la comercialització de productes de neteja vol elaborar el seu pla de tresoreria per als pròxims tres mesos. Les dades que tenen són els següents:

Saldo inicial en caixa: 2000 euros

Ingressos previstos: mes 1: 6000 euros; mes 2: 7000 euros; mes 3: 8000 euros

Pagaments previstos: mes 1: 4500 euros; mes 2: 5000 euros; mes 3: 6500 euros

Fes el pla de tresoreria mensual i calcula el saldo final de caixa per a cada mes.

EXEMPLE 6

Imagina que una empresa en un trimestre ha tingut:

Ingressos d'explotació: 50.000 euros; despeses d'explotació: 30.000 euros; ingressos financers: 2.000 euros; despeses financeres: 1.000 euros, impostos: 5.000 euros.

Solució:

El compte de resultats seria:

1. Resultat d'explotació: 50 000 – 30 000 = 20 000 euros

2. Resultat abans d'impostos: 20 000 + 2000 – (1000) = = 21 000 euros

3. Resultat net: 21 000 – 5000 = 16 000 euros

L'empresa, per tant, tindria un benefici net de 16.000 euros en aquest trimestre.

5.4.2 El compte de resultats

El **compte de resultats** és un estat financer clau per a qualsevol empresa, ja que mostra el rendiment econòmic en un període específic. Aquest compte permet avaluar si l'empresa genera beneficis o pèrdues mitjançant la comparació dels **ingressos** i **despeses** en l'exercici econòmic.

L'estructura del compte de resultats en empreses acostuma a ser semblant a la següent:

1. Ingressos o vendes: reflecteix el total de les vendes o ingressos generats per l'activitat principal de l'empresa.

2. Cost de les vendes: inclou els costos directament associats amb la producció o prestació del servei.

3. Resultat brut: constitueix la diferència entre els ingressos i el cost de vendes.

4. Despeses d'operació:
   - Despeses d'administració: costos de les activitats de gestió i suport de l'empresa.
   - Despeses de comercialització o vendes: inclouen publicitat o salaris de l'equip de vendes, entre altres.

5. Resultat operatiu o resultat de l'explotació: guanys abans d'interessos i impostos, calculats restant les despeses operatives del resultat brut.

6. Ingressos i despeses financeres: inclouen ingressos per inversions i despeses financeres, com ara interessos de deutes.

7. Resultat abans d'impostos.

8. Impostos sobre els guanys: suma que l'empresa paga en impostos sobre els beneficis.

9. Resultat net o benefici net: guany o pèrdua després d'impostos, el benefici final atribuïble als accionistes.

EXERCICI 6

Una empresa, en el seu compte de resultats, exhibeix un saldo positiu en el resultat d'explotació, però el seu benefici net resulta negatiu; és a dir, sofreix pèrdues. Analitza a què és degut aquesta situació i explica'n els motius.

5.4.3 El balanç

El balanç és un informe financer clau en què es mostra la situació econòmica i financera d'una empresa en un moment determinat. S'estructura en tres seccions principals:

1. **Actiu:** reflecteix els béns i drets de l'empresa; és a dir, el que posseeix i que li generarà beneficis en el futur. L'actiu es divideix en:
   - **Actiu no corrent:** béns i drets a llarg termini, com ara terrenys, edificis, maquinària i drets intangibles. És el que es denomina «immobilitzat», que és el conjunt d'actius que una empresa posseeix per al seu ús i explotació a llarg termini, amb l'objectiu de donar suport a les activitats productives i operatives. No s'espera que es converteixin en efectiu a curt termini, ja que la seva funció principal és proporcionar valor continu a l'organització. Es classifica en diversos tipus:
     1. **Immobilitzat material:** inclou actius físics i tangibles que s'utilitzen en el negoci, com ara terrenys, edificis, maquinària, mobiliari i equips informàtics. Aquests actius acostumen a sofrir depreciació amb el temps, a causa de l'ús i el desgast.
     2. **Immobilitzat intangible:** representa els actius no físics que aporten valor, com ara patents, marques, drets d'autor, llicències i programari.

Aquests actius s'acostumen a amortitzar al llarg de la seva vida útil.

3. **Immobilitzat financer:** són les inversions a llarg termini en accions, bons o altres entitats en les quals l'empresa ha decidit invertir, sigui en altres empreses o en projectes financers que generen ingressos a llarg termini.

També s'inclou dins de l'actiu no corrent, en relació amb l'immobilitzat intangible i el material, les amortitzacions, però amb signe negatiu, ja que el balanç ens mostra el valor real d'aquests actius i, per tant, el que apareix en el balanç és la seva depreciació.

APRÈN MÉS

Al web de l'Agència Tributària pots trobar informació sobre com calcular una amortització:

https://sede.agenciatributaria.gob.es/Sede/impuesto-sobre-sociedades/que-base-imponible-se-determina-sociedades/amortizaciones.html?faqId=cfa07bdfc4d24810VgnVCM100000dc381e0aRCRD

GLOSSARI

L'amortització és el procés de distribuir el cost d'un actiu fix o intangible al llarg de la seva vida útil, la qual cosa en reflecteix el desgast, l'obsolescència o la disminució en valor amb el temps. Representa una mesura de com es consumeix el valor d'un actiu al llarg dels anys, la qual cosa permet a l'empresa comptabilitzar aquesta pèrdua de valor anualment en els seus resultats.

CURIOSITATS

En el balanç general, l'amortització es reflecteix de la manera següent:

1. **Actiu net:** els actius subjectes a amortització (com l'immobilitzat material o intangible) apareixen en el balanç conforme al seu valor net; és a dir, el seu valor d'adquisició menys l'amortització acumulada.

2. **Amortització acumulada:** l'amortització acumulada es registra com un compte corrector que disminueix el valor de l'actiu en el balanç; per exemple, si un edifici es compra per 1 milió d'euros i la seva amortització acumulada és de 200.000 euros, el valor net de l'edifici en el balanç és de 800.000 euros.

En el compte de resultats, l'amortització s'inclou com una despesa (amortització de l'immobilitzat) per reflectir el cost de l'ús de l'actiu en aquest exercici, la qual cosa redueix el benefici abans dels impostos, però no representa una sortida d'efectiu.

○ **Actiu corrent:** béns i drets que s'espera que es converteixin en efectiu o es consumeixin en el termini d'un any, com l'inventari, els comptes per cobrar i l'efectiu.

2. **Passiu:** representa les obligacions i deutes de l'empresa. També es divideix en:

○ **Passiu no corrent:** deutes a llarg termini, com ara préstecs bancaris a més d'un any i obligacions financeres.

○ **Passiu corrent:** deutes a curt termini, que han de pagar-se dins de l'any, com ara comptes a pagar i préstecs a curt termini.

3. **Patrimoni net:** reflecteix els recursos propis de l'empresa; és a dir, les aportacions dels socis o propietaris més les utilitats acumulades. S'obté restant el passiu de l'actiu, la qual cosa reflecteix el valor comptable de l'empresa.

La **fórmula del balanç** és sempre:

$$\text{Actiu} = \text{passiu} + \text{patrimoni net}$$

Aquesta equació garanteix que tots els recursos de l'empresa siguin finançats per fons propis o per deutes. El balanç permet avaluar la liquiditat, la solvència i l'estructura de finançament del negoci.

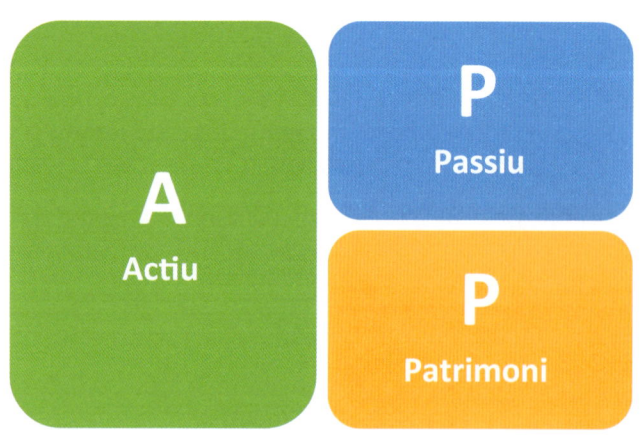

Figura 5.6 Taula de l'estructura del balanç.

ACTIU	PASSIU
	Patrimoni net:
	Capital social: el que aporten els socis
	Reserves: legals, voluntàries, estatutàries, etc.
	Resultats d'exercicis anteriors: beneficis no distribuïts d'anys anteriors
Actiu no corrent:	**Passiu no corrent:**
Immobilitzat material: terrenys, edificis, maquinària, etc.	Deutes a llarg termini: préstecs a més d'un any o bons emesos
Immobilitzat intangible: patents, marques, programari, etc.	
Inversions financeres a llarg termini: accions en altres empreses o préstecs a llarg termini	
Actiu corrent:	**Passiu corrent:**
Existències: matèries primeres, productes en procés o productes acabats	Proveïdors: factures pendents amb proveïdors
Realitzable: comptes per cobrar, deutors o efectes per cobrar	Deutes a curt termini: préstecs bancaris a curt termini o descoberts
Disponible: caixa, bancs o equivalents d'efectiu	Creditors diversos: impostos, dividends a pagar i altres obligacions
TOTAL	**TOTAL**

El **fons de maniobra**, també conegut com a «capital de treball», és la diferència entre l'actiu corrent i el passiu corrent d'una empresa. Aquest indicador financer mostra la quantitat de recursos a curt termini que l'empresa té disponibles per operar i cobrir les seves obligacions immediates.

Fórmula:

fons de maniobra = actiu corrent – passiu corrent

L'anàlisi del balanç i el fons de maniobra permeten identificar la situació financera d'una empresa en termes de liquiditat i capacitat per afrontar les seves obligacions a curt termini. Les situacions financeres més comunes derivades d'aquesta anàlisi són:

1. *Situació d'equilibri financer:* quan el fons de maniobra és positiu, l'actiu corrent supera el passiu corrent, cosa que significa que l'empresa pot cobrir els deutes a curt termini amb els seus actius corrents. Això suggereix una posició financera estable i equilibrada, adequada per enfrontar-se a imprevistos.

2. *Situació de solvència o solidesa:* una empresa amb un fons de maniobra elevat i actius no corrents importants es considera financerament sòlida, amb recursos suficients per mantenir-se operativa i, en cas de necessitat, vendre actius no corrents per obtenir liquiditat.

3. *Situació de tensions financeres:* si el fons de maniobra és baix o pròxim a zero, l'empresa podria experimentar dificultats per cobrir els deutes a curt termini, especialment en moments de menys ingressos. Això pot ser un senyal d'advertiment, que exigeix control estricte de tresoreria.

4. *Situació d'insolvència:* quan el fons de maniobra és negatiu, el passiu corrent supera l'actiu corrent, cosa que significa que l'empresa podria no comptar amb prou liquiditat per cobrir els deutes a curt termini. Aquesta situació és crítica, ja que pot portar a dificultats en pagaments, pèrdua de crèdit o fins i tot fallida.

5. *Situació de sobreendeutament:* en analitzar el balanç, si el passiu total (especialment el no corrent) és alt, en comparació amb el patrimoni net, l'empresa podria estar en una situació de sobreendeutament. Això implica alts compromisos de pagament d'interessos i una estructura de capital arriscada.

Aquests indicadors financers són clau per prendre decisions estratègiques sobre inversió, finançament o ajustos operatius i millorar així la situació financera general de l'empresa.

EXERCICI 7

L'empresa ElectroSolucions, S. A. es dedica a la venda de components elèctrics i té les dades següents en el balanç:

Capital social: 65.000 euros

Maquinària i equips: 50.000 euros

Préstecs a curt termini: 80.00 euros

Proveïdors: 12.000 euros

Préstecs a llarg termini: 40.000 euros

Deutes per cobrar de clients: 15000 euros

Edifici: 30 000 euros

Efectiu: 10 000 euros

Existències: 20 000 euros

Elabora el balanç de l'empresa i calcula el fons de maniobra i interpreta'l.

5.4.4 El punt mort o llindar de rendibilitat. Anàlisi d'ingressos i despeses

En parlar de viabilitat del model de negoci, ens referim a la capacitat d'una empresa per generar prou ingressos per cobrir les despeses operatives i generar guanys sostenibles a llarg termini. Aquesta anàlisi inclou l'avaluació dels ingressos i despeses del negoci.

Els *ingressos* representen els diners que l'empresa genera a partir de la venda de productes o serveis. A l'hora d'avaluar la viabilitat del model de negoci, cal considerar:

- En primer lloc, la **font d'ingressos**; és a dir, com rendibilitza l'empresa la seva oferta. Aquí s'inclouen les vendes directes, les subscripcions, les llicències, la publicitat o els serveis addicionals.

- En segon lloc, el **preu dels productes o serveis**, és a dir, si els preus s'ajusten amb el que els clients estan disposats a pagar.

- En tercer lloc, el **volum de vendes**, que es refereix a quantes unitats o serveis necessita vendre l'empresa per generar els ingressos necessaris.

- Per acabar, la **diversificació d'ingressos**; és a dir, disposar de múltiples fonts d'ingressos pot millorar l'estabilitat i reduir el risc.

Les **despeses** són els costos associats a l'operació del negoci, que poden ser fixos o variables. La suma dels costos fixos més els costos variables són els costos totals. Les **despeses fixes** són les que no canvien amb el volum de vendes, com ara el lloguer, els sous fixos i els serveis públics. Les **despeses variables** són les que fluctuen amb el volum de vendes, com ara el cost de materials, comissions i distribució. També cal considerar el **cost d'adquisició de clients (CAC)**; és a dir, quant costa atreure i convertir un client. Es calcula sumant totes les inversions fetes per adquirir nous clients i, després, es divideix el resultat entre el nombre de clients guanyats en el mateix període. En la suma d'inversions s'han d'incloure el salari de l'equip, les comissions de vendes, les eines de programari, la inversió en màrqueting, els esdeveniments realitzats i la capacitació i formació dels empleats.

GLOSSARI

Les **comissions de vendes** són l'import que es cobra per fer transaccions comercials i es tracta d'un percentatge sobre l'import total de l'operació. El seu objectiu és incentivar l'esforç dels representants comercials per tal que venguin més i rebre un pagament addicional al salari.

També s'hi engloben les **despeses en màrqueting i publicitat**, ja que potser cal una inversió significativa en publicitat per captar clients. I, finalment, es troben les **despeses operatives**, relacionades amb l'operació diària, com ara la tecnologia, els subministraments i el manteniment.

Per això, per determinar la viabilitat, el negoci ha d'abordar una **anàlisi comparativa entre ingressos i despeses**:

1r. El punt d'equilibri o llindar de rendibilitat: és el nivell en el qual els ingressos cobreixen les despeses o costos totals (costos fixos + costos variables) sense generar pèrdues ni guanys. Calcular aquest punt ajuda a entendre quantes vendes necessita el negoci per ser viable. A partir d'aquest punt, qualsevol venda addicional genera beneficis.

Fórmula:

> **Punt mort (unitats) = costos fixos / (preu de venda unitari – cost variable unitari)**

Sent els costos fixos els que no canvien amb la producció (lloguer o sous), el preu de venda unitari el preu al qual es ven cada unitat de producte i el cost variable unitari el que varia segons el nombre d'unitats produïdes (matèries primeres o mà d'obra directa).

EXEMPLE 7

Suposa que una empresa té les dades següents: costos fixos, 10.000 euros; preu de venda unitari, 50 euros, i cost variable unitari, 30 euros. Calcula'n el punt mort o llindar de rendibilitat.

Solució:

S'aplica la fórmula:

Punt mort = 10.000 / (50 – 30) = 500 unitats. Això significa que l'empresa ha de vendre 500 unitats per cobrir els costos totals. A partir d'aquí, començarà a generar beneficis.

També es pot calcular el punt mort en termes d'ingressos totals:

Fórmula:

> **Punt mort (ingressos) = costos totals / 1 – (cost variable unitari / preu de venda unitari)**

EXERCICI 8

Basant-se en les dades de l'exemple anterior (número 5), calcula'n el punt mort en termes d'ingressos totals.

2n. La projecció del flux de caixa (o cash flow): és clau estimar com fluctuen els ingressos i despeses al llarg del temps i si el negoci tindrà prou efectiu per continuar operant. A tal fi, es mesuren les entrades i sortides d'efectiu en una empresa durant un període determinat. És essencial per analitzar la liquiditat i la capacitat de l'empresa per complir amb les obligacions financeres. Un flux de caixa positiu indica que l'empresa genera més efectiu del que gasta, la qual cosa és senyal d'estabilitat financera.

Fórmula:

> **Flux de caixa = ingressos d'efectiu – sortides d'efectiu**

Els ingressos d'efectiu són tots els ingressos per vendes, cobraments de comptes per cobrar, ingressos per inversions, etc.

Les sortides d'efectiu inclouen totes les despeses operatives, pagaments de sous, pagaments a proveïdors, impostos o interessos de deute, entre altres.

EXEMPLE 8

Suposa que una empresa té d'ingressos en efectiu 100.000 euros de vendes i cobraments, i de sortides d'efectiu, 70.000 euros, a causa de despeses operatives, sous, lloguer, etc. Calcula el flux de caixa i interpreta'l.

Solució:

Flux de caixa = 100.000 – 70.000 = 30.000 euros. El flux de caixa és positiu, cosa que significa que l'empresa va generar 30.000 euros més del que va gastar.

3r. El marge de guany suposa la diferència entre els ingressos i els costos totals. Un marge de guany alt indica que el negoci pot generar ingressos sostenibles. Es pot calcular de diverses maneres, depenent de quin tipus de marge es busca: brut, operatiu o net.

Fórmules per calcular el marge de guany:

1. Marge de guany brut: indica quin percentatge dels ingressos és guany després de descomptar els costos directes de producció (matèries primeres o mà d'obra directa).

Fórmula:

> **Marge de guany brut = [(ingressos – costos de béns venuts) / ingressos] × 100**

2. Marge de guany operatiu: inclou els costos operatius, com ara salaris i lloguers, però no els interessos o impostos.

Fórmula:

> **Marge de guany operatiu = [(ingressos – despeses operatives) / ingressos] × 100**

3. Marge de guany net: reflecteix el benefici final després de descomptar-ne tots els costos, incloent-hi els operatius, interessos, impostos, etc.

Fórmula:

> **Marge de guany operatiu = [(ingressos – tots els costos) / ingressos] × 100**

EXERCICI 9

D'una empresa, se'n determinen les següents dades: ingressos: 100.000 euros; costos de béns venuts: 60.000 euros; despeses operatives: 20.000 euros; impostos i interès: 5.000 euros. Calcula'n el marge de guany brut, neta i operativa.

5.5 OPCIONS FINANCERES SOCIALMENT RESPONSABLES

Les opcions financeres socialment responsables són aquelles amb les quals, a més de buscar rendibilitat econòmica, es tenen en compte factors ètics, socials i mediambientals.

Fons d'inversió socialment responsables: aquests fons inverteixen en empreses que compleixen amb criteris de sostenibilitat, justícia social i bon govern corporatiu. Se centren en sectors com ara energies renovables, tecnologies netes i empreses que promouen l'equitat. Per tant, són instruments financers amb els quals, a més de buscar rendibilitat econòmica, es tenen en compte els criteris anteriors pel que fa a les seves decisions en inversió. Se'n solen excloure indústries perjudicials (com el tabac o les armes). La inversió en aquests fons és part d'una tendència cap a les finances sostenibles i dona suport al creixement d'empreses amb impacte positiu en temes com el canvi climàtic, la inclusió social o la igualtat de gènere. Entre els tipus de fons socialment responsables, es troben:

1. Fons d'exclusió: s'exclouen sectors que no compleixen amb criteris ètics.

2. Fons ESG (ambientals, socials i de governança o govern): se seleccionen empreses amb bones pràctiques en aquests tres àmbits.

3. Fons d'impacte: es busca tant la rendibilitat econòmica com l'impacte positiu directe i mesurable en la societat o el medi ambient.

Bons verds: són instruments de deute emesos per finançar projectes amb un impacte ambiental positiu, com ara energies netes, gestió de residus o conservació de la biodiversitat. Els emissors d'aquests bons són entitats públiques, com municipis o estats; institucions supranacionals, com la Unió Europea, i empreses privades, com entitats financeres.

Es diferencien dels bons convencionals perquè estan estructurats per complir amb estàndards mediambientals i, sovint, estan certificats per tercers, per verificar que efectivament s'alineen amb objectius ecològics.

Els fons recaptats amb aquests bons s'acostumen a invertir en àrees com ara:

- Energia renovable: construcció de parcs eòlics, solars i altres fonts d'energia neta.
- Eficiència energètica: millora en la infraestructura d'edificis per reduir el consum energètic.

- Gestió sostenible de l'aigua i residus: projectes de reciclatge, tractament d'aigua i sistemes de gestió de residus sostenibles.
- Conservació de recursos naturals i biodiversitat: iniciatives de reforestació, protecció d'ecosistemes i agricultura sostenible.

Bons socials: s'utilitzen per finançar projectes socials, com la inclusió econòmica, l'accés a serveis bàsics o la millora de la qualitat de vida en comunitats vulnerables. Alguns dels usos més comuns dels fons obtinguts mitjançant bons socials inclouen:

- Habitatge assequible: finançar projectes de construcció o millora d'habitatges per a comunitats de baixos ingressos.
- Accés a salut i educació: invertir en projectes que proporcionin accés a serveis mèdics i educatius en àrees desateses.
- Desenvolupament econòmic: mostrar suport a petites empreses que generin ocupació i a programes d'inclusió financera.
- Infraestructura bàsica: dotar de subministrament d'aigua potable, sanejament i electricitat a zones rurals o marginades.

Els bons socials solen estar alineats amb els ODS de les Nacions Unides i requereixen un seguiment i report sobre l'impacte social aconseguit. Aquests bons permeten als inversors contribuir a causes socials, aconseguint un rendiment financer, mentre donen suport a objectius de desenvolupament social i milloren el benestar de les comunitats.

Inversions d'impacte: són una estratègia d'inversió i s'enfoquen a generar un impacte social o ambiental juntament amb un retorn financer. A diferència de les inversions tradicionals, en què l'objectiu principal és maximitzar el rendiment, les inversions d'impacte integren tots dos objectius i s'alineen moltes vegades amb els ODS. Poden donar suport a projectes de microfinances, desenvolupament comunitari o agricultura sostenible. A més, en els fons d'inversió d'impacte s'estableixen mètriques per monitorar els avenços en els objectius socials o ambientals en àrees com la reducció de pobresa, la sostenibilitat ambiental i l'equitat en l'educació.

Banca ètica: són entitats financeres que operen amb principis ètics, evitant inversions en sectors que no compleixen amb criteris de responsabilitat social o mediambiental, com ara armament, tabac o activitats contaminants.

És el cas de, per exemple, **Banco Fiare,** que és una cooperativa de banca ètica a Espanya que treballa sota el paraigua de Banca Popolare Etica (amb seu a Itàlia) i que finança projectes en els quals es promou l'economia social i solidària.

APRÈN MÉS

Entra al web:

https://www.fiarebancaetica.coop/

Plataformes de micromecenatge d'impacte: són plataformes en línia que permeten als inversors secundar directament projectes amb un impacte social o mediambiental positiu, com ara plataformes d'energia solar en comunitats rurals. És el cas de, per exemple, **ECrowd!,** una plataforma espanyola que permet a les persones finançar projectes sostenibles d'àmbit local, especialment en eficiència energètica i energies renovables.

APRÈN MÉS

Entra al web:

https://www.ecrowdinvest.com/

EXEMPLE 9

La Laura, una inversora, vol donar suport a un projecte d'impacte social en una plataforma de micromecenatge. Disposa de 5.000 euros, que planeja invertir en una iniciativa que millori l'accés a aigua potable en comunitats rurals. S'estima un retorn financer del 4 % anual sobre la seva inversió i es calcula que el projecte reduirà les malalties relacionades amb aigua contaminada en un 30 % a la regió on es durà a terme. Es pregunta: «Quin serà el retorn financer de la Laura al cap d'un any?», «quin impacte social directe generarà la seva inversió en la comunitat?» i «quins riscos ha de considerar la Laura en aquesta inversió d'impacte?».

Solució:

1. Retorn financer: la Laura inverteix 5.000 euros a un 4 % anual. Fórmula del retorn financer = inversió inicial × (1 + taxa de retorn).

   Càlcul: $5000 \times 0,04 = 200$.

   Retorn financer al cap d'un any: $5000 + 200 = 5200$.

2. Impacte social directe: la inversió contribueix a reduir malalties relacionades amb l'aigua contaminada en un 30 %. Aquest impacte millora la qualitat de vida de la comunitat, disminueix els costos mèdics i augmenta la productivitat dels habitants.

3. Riscos a considerar: el risc operatiu, ja que el projecte pot sofrir problemes d'implementació en la comunitat; el risc financer, perquè el retorn no està garantit i depèn de l'èxit del projecte, i el risc d'impacte, ja que l'impacte esperat pot no aconseguir-se en el termini establert.

5.6 DEFINICIÓ I PARTICIPACIÓ DELS AGENTS IMPLICATS EN EL PROJECTE EMPRENEDOR

Els agents implicats en un projecte emprenedor són totes les persones, institucions i recursos que contribueixen activament en el seu desenvolupament. Aquests agents s'agrupen en diverses categories clau, cadascuna amb funcions específiques:

1. Emprenedor o equip fundador: és el grup principal que dona vida al projecte, en defineix la visió, pren les decisions estratègiques i lidera les operacions. El seu rol és fonamental, ja que s'estableix els objectius i el rumb del projecte.

2. Inversors: aquests agents aporten el capital inicial o continu necessari per finançar l'emprenedoria. Poden ser individus (inversors àngel), institucions financeres o fons de capital de risc, i la seva participació depèn dels resultats i la repercussió del projecte.

GLOSSARI

Els **inversors àngel** són individus que inverteixen els seus propis diners en empreses emergents o startups a canvi d'una participació en el negoci. Aquests inversors acostumen a entrar en etapes primerenques de desenvolupament de l'empresa, assumint un alt risc a canvi de la possibilitat d'obtenir un alt retorn si el negoci aconsegueix èxit. A més del finançament, sovint aporten la seva experiència, contactes i coneixements del sector per ajudar al creixement de l'empresa. En general, un inversor àngel pot ser un empresari, un professional experimentat o una persona amb alts ingressos que busca donar suport a idees innovadores i a emprenedors en les seves etapes inicials.

3. Clients o públic objectiu: són aquells als qui es dirigeix el producte o servei. Identificar les seves necessitats i preferències és clau perquè l'emprenedoria prosperi. La seva retroalimentació és vital per a ajustos i millores.
4. Proveïdors i aliats estratègics: aporten inputs, materials (inclouen matèries primeres, components, eines i qualsevol altre recurs físic que intervingui en la creació d'un producte o servei) o serveis essencials perquè l'emprenedoria operi. També s'hi pot incloure socis estratègics que donin suport a àrees de producció, distribució o tecnologia.
5. Mentors i assessors: es tracta de professionals experimentats en diverses àrees (finances, màrqueting, temes legals, etc.) que guien els emprenedors, ajudant-los a prendre decisions informades i a enfrontar-se a reptes comuns de l'emprenedoria.
6. Govern i organismes reguladors: proveeixen el marc regulador i, en alguns casos, el finançament o incentius per impulsar la creació de noves empreses. També estableixen lleis i normatives, a les quals el projecte s'ha d'ajustar.
7. Comunitat i entorn social: en projectes d'impacte social o ambiental, la comunitat i altres organitzacions no governamentals poden ser actors importants que secundin, financin o beneficiïn el projecte.

5.7 TRÀMITS DE CONSTITUCIÓ I POSADA EN MARXA

La constitució de la forma jurídica de l'empresa, es tracti d'un empresari individual o de les societats mercantils, implica una sèrie de tràmits que varien segons el tipus d'entitat.

Figura 5.7 Esquema de tràmits en la constitució d'un empresari individual.

TRÀMIT	DESCRIPCIÓ
Alta a Hisenda (Agència Tributària)	Es fa a través del model 036 o 037, per donar-se d'alta en el cens d'empresaris i en l'impost sobre activitats econòmiques (IAE)
Alta a la Seguretat Social	Cal inscriure's també en el Règim Especial de Treballadors Autònoms (RETA)
Llicències municipals	Cal obtenir igualment la llicència d'obertura, si cal, d'acord amb el tipus d'activitat i el local
Registre de marca i nom comercial (opcional)	Si es vol registrar una marca o nom comercial a l'Oficina Espanyola de Patents i Marques (OEPM)
Prevenció de riscos laborals	Cal implementar un pla de riscos, si es té previst contractar empleats

APRÈN MÉS

Sobre els models 036 o 037, visita la pàgina:

https://sede.agenciatributaria.gob.es/Sede/procedimientoini/G322.shtml

Figura 5.8 Esquema de tràmits en la constitució de societats mercantils.

TRÀMIT	DESCRIPCIÓ
Certificació negativa de nom	Se sol·licita el certificat de denominació en el Registre Mercantil Central (RMC) per garantir que el nom no està registrat
Redacció dels estatuts socials	Es defineix l'objecte social, el domicili, el capital, l'administració, etc., que regiran l'empresa
Aportació de capital social	Es fa un dipòsit bancari del capital social mínim (3.000 € per a una SL i 60.000 € per a una SA)
Signatura d'escriptura pública	Se signa l'escriptura de constitució davant de notari, que inclou els estatuts i el certificat de dipòsit del capital

Figura 5.8 (Continuació).

TRÀMIT	DESCRIPCIÓ
Inscripció al Registre Mercantil	S'inscriu la societat en el Registre Mercantil de la província corresponent
Alta a Hisenda i obtenció del NIF	Se sol·licita el número d'identificació fiscal (NIF) i l'alta en l'IAE, mitjançant el model 036 o 037
Alta a la Seguretat Social	S'inscriu la societat en la Seguretat Social i s'afilia els empleats en el règim corresponent
Llicències municipals	S'obtenen les llicències necessàries per a l'activitat, com la llicència d'obertura o d'activitat

Hi ha la possibilitat de crear una empresa individual o una societat mercantil mitjançant un procediment telemàtic amb l'emplenament del **document únic electrònic (DUE),** pel qual s'unifiquen més de 25 formularis administratius. A través del sistema Circe, s'envien aquestes dades a totes les administracions competents en la creació o cessament d'una empresa o en l'alta i baixa en el RETA.

Tota la informació per a la tramitació la pots trobar en la pàgina següent: https://administracion.gob.es/pag_Home/Tramites/miEmpresaEnTramites/Iniciativas/CIRCE.html.

EXERCICI 10

En Pere Sòria ha acabat un cicle formatiu de grau mitjà en Electromecànica de Vehicles i ha pensat a muntar el seu propi taller, per la qual cosa ha constituït una societat limitada. Explica i comenta els tràmits que ha de fer per a l'adquisició de personalitat jurídica d'aquesta societat.

Repte professional: expansió i optimització del servei ofert

Es tracta d'un projecte emprenedor sobre menjar ecològic a domicili. Aquest projecte ha crescut de manera positiva en el seu primer any. Per portar-ho al següent nivell, cal idear i executar estratègies d'expansió en nous mercats i millorar l'eficiència operativa del servei.

Objectius del repte

1. Exploració de noves zones de distribució

2. Optimització de la cadena de subministrament

3. Proposta de fidelització i expansió de la base de clients

4. Anàlisi financera per a l'expansió

5. Mesurament d'impacte i sostenibilitat

Resultats esperats

Un pla d'expansió i optimització detallat, en què s'inclogui tant la viabilitat econòmica com l'impacte social i ambiental del creixement del projecte.

Aquest repte permet aplicar coneixements d'anàlisi de mercat, optimització de processos, gestió de clients i sostenibilitat i finances, fonamentals per tirar endavant el projecte de menjar ecològic a domicili fins a una nova fase.

Mapa conceptual

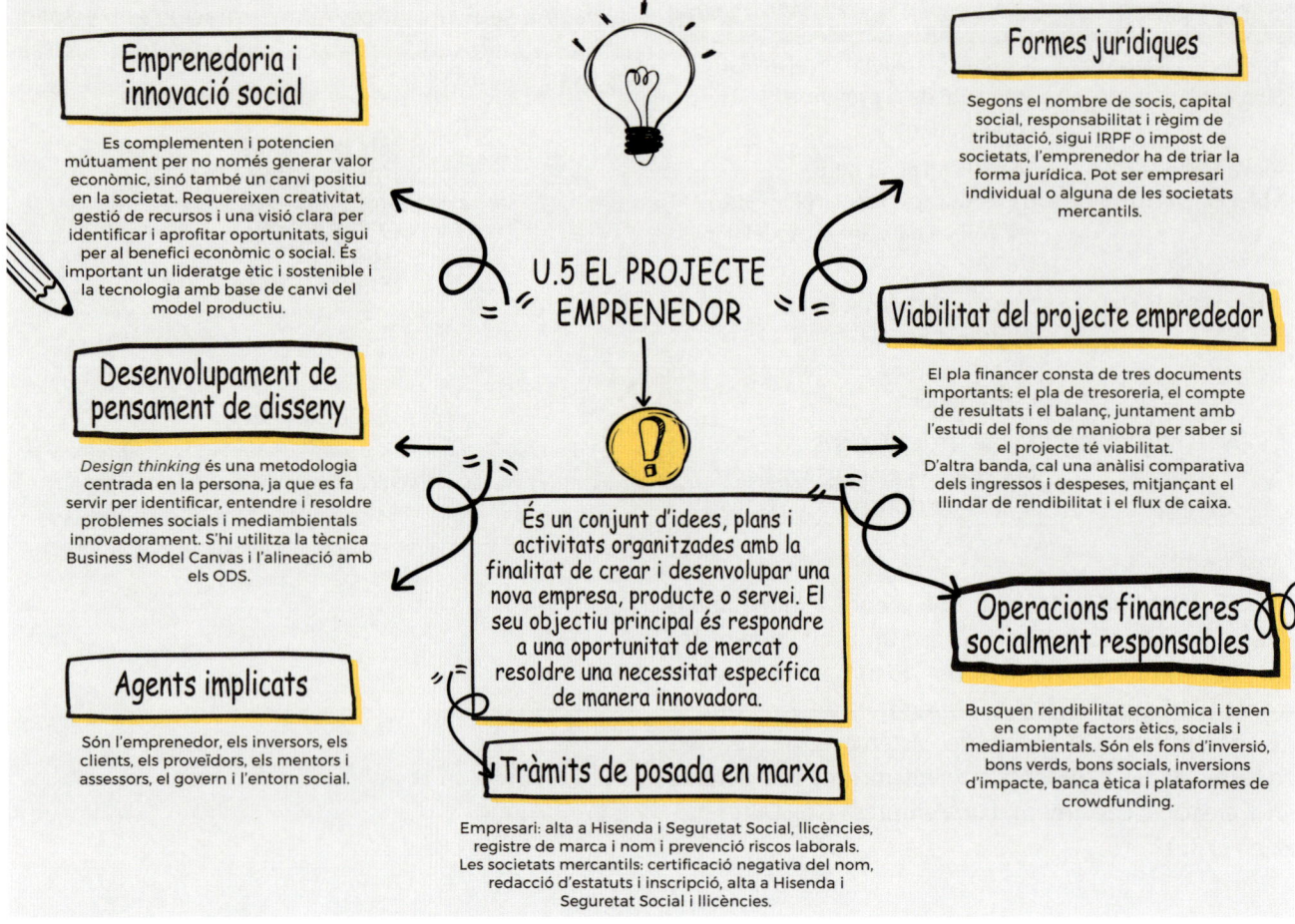

Emprenedoria i innovació social

Es complementen i potencien mútuament per no només generar valor econòmic, sinó també un canvi positiu en la societat. Requereixen creativitat, gestió de recursos i una visió clara per identificar i aprofitar oportunitats, sigui per al benefici econòmic o social. És important un lideratge ètic i sostenible i la tecnologia amb base de canvi del model productiu.

Formes jurídiques

Segons el nombre de socis, capital social, responsabilitat i règim de tributació, sigui IRPF o impost de societats, l'emprenedor ha de triar la forma jurídica. Pot ser empresari individual o alguna de les societats mercantils.

Desenvolupament de pensament de disseny

Design thinking és una metodologia centrada en la persona, ja que es fa servir per identificar, entendre i resoldre problemes socials i mediambientals innovadorament. S'hi utilitza la tècnica Business Model Canvas i l'alineació amb els ODS.

U.5 EL PROJECTE EMPRENEDOR

És un conjunt d'idees, plans i activitats organitzades amb la finalitat de crear i desenvolupar una nova empresa, producte o servei. El seu objectiu principal és respondre a una oportunitat de mercat o resoldre una necessitat específica de manera innovadora.

Viabilitat del projecte emprededor

El pla financer consta de tres documents importants: el pla de tresoreria, el compte de resultats i el balanç, juntament amb l'estudi del fons de maniobra per saber si el projecte té viabilitat.
D'altra banda, cal una anàlisi comparativa dels ingressos i despeses, mitjançant el llindar de rendibilitat i el flux de caixa.

Operacions financeres socialment responsables

Busquen rendibilitat econòmica i tenen en compte factors ètics, socials i mediambientals. Són els fons d'inversió, bons verds, bons socials, inversions d'impacte, banca ètica i plataformes de crowdfunding.

Agents implicats

Són l'emprenedor, els inversors, els clients, els proveïdors, els mentors i assessors, el govern i l'entorn social.

Tràmits de posada en marxa

Empresari: alta a Hisenda i Seguretat Social, llicències, registre de marca i nom i prevenció riscos laborals.
Les societats mercantils: certificació negativa del nom, redacció d'estatuts i inscripció, alta a Hisenda i Seguretat Social i llicències.

Figura 5.9 Mapa conceptual de la unitat 5, «El projecte emprenedor».

RESUM

■ L'emprenedoria és el procés d'identificar, desenvolupar i dur a terme una idea o projecte, generalment per crear un negoci o una organització que tingui un impacte econòmic, social o cultural. La innovació s'enfoca a desenvolupar solucions en les quals s'abordin necessitats socials de manera efectiva, sostenible i amb un impacte positiu.

■ Pel que fa al lideratge ètic i sostenible, es tracta de buscar no només l'enfocament econòmic (resultats), sinó tenir en compte principis ètics i l'impacte ambiental i social de les decisions empresarials. Els seus principis són la integritat, la responsabilitat, l'orientació a llarg termini i el desenvolupament del talent. Per tant, les empreses aconsegueixen més bona reputació, ja que atreuen clients compromesos amb valors semblants, el seu entorn laboral fomenta la lleialtat i el compromís dels empleats amb l'empresa redueix la rotació o canvi de personal, a més que les entitats es tornen també més innovadores.

■ Per transformar i modernitzar el model productiu, la tecnologia és fonamental, ja que incrementa la productivitat i fomenta la sostenibilitat. Per tant, és vital adaptar-se a la digitalització, l'automatització i el desenvolupament de les energies netes.

■ El design thinking és una metodologia centrada en la persona, ja que s'utilitza per identificar, entendre i resoldre problemes socials i mediambientals d'una manera innovadora. Per detectar aquestes necessitats, se segueixen els passos següents: empatitzar, definir el problema, idear solucions, prototipar, provar els prototips i implementar la solució.

■ Les empreses, per aconseguir un impacte positiu en la societat i el medi ambient, alineen i integren els objectius globals de sostenibilitat (ODS) en les estratègies i operacions empresarials. Això és perquè les empreses no només busquen rendibilitat econòmica, sinó que també es comprometen amb el desenvolupament sostenible a llarg termini.

■ En un projecte emprenedor, les formes jurídiques i associatives que es poden aplicar depenen de diversos factors, com ara el tipus d'activitat, el nombre de socis, el capital inicial i els objectius del negoci. En l'elecció de la forma jurídica, també influeix la burocràcia en la posada en pràctica.

- Un altre dels factors és el **règim de tributació,** ja que hi ha formes jurídiques subjectes a l'impost sobre la renda de les persones físiques (IRPF) en les seves diferents modalitats, sigui en estimació directa o en estimació objectiva, i altres formes sotmeses a l'impost de societats (IS).

- Pel que fa a l'IS, és un impost que grava les rendes de les societats i entitats jurídiques. L'objecte d'aquest tribut són els beneficis obtinguts per l'empresa. El tipus impositiu és diferent en cada cas, però el tipus general en l'IS és un 25 % de les rendes en concepte d'impostos, encara que l'1 de gener del 2023 es va introduir **un tipus de gravamen reduït del 23 %** per a les entitats que tinguin un import net de negocis en el període impositiu immediatament anterior inferior a un milió d'euros.

- Dins del projecte emprenedor, cal estudiar la viabilitat econòmica i financera del model de negoci. S'analitza si les entrades de diners que generarà l'empresa amb la seva productivitat són suficients per fer front a les inversions inicials (sortides de diners). També fa referència a si la idea de negoci es mostra rendible, partint de la previsió de beneficis, de les pèrdues i del patrimoni. Per tant, el pla financer conforma un document clau dins d'un pla de negoci, l'objectiu del qual és avaluar la viabilitat econòmica d'una idea o projecte empresarial. El pla financer té tres parts: el pla de tresoreria, el compte de resultats i el balanç final previsible.

- El pla de tresoreria, eina financera que permet gestionar els fluxos de caixa d'una empresa en un període de temps determinat, assegura que l'empresa pugui complir amb les obligacions financeres. Aquest pla és fonamental per preveure les necessitats de liquiditat i assegurar que l'empresa pugui fer front als pagaments i evitar situacions d'insolvència.

- El compte de resultats mostra el rendiment econòmic en un període específic. Aquest compte permet avaluar si l'empresa genera beneficis o pèrdues mitjançant la comparació dels **ingressos i despeses** en l'exercici econòmic.

- El balanç és un informe financer clau que exposa la situació econòmica i financera d'una empresa en un moment determinat. La fórmula del balanç és sempre:

  Actiu = passiu + patrimoni net

  Aquesta equació garanteix que tots els recursos de l'empresa són finançats per fons propis o per deutes. El balanç permet avaluar la liquiditat, la solvència i l'estructura de finançament del negoci.

- El **fons de maniobra,** també conegut com a capital de treball, és la diferència entre l'actiu corrent i el passiu corrent d'una empresa. Aquest indicador financer mostra la quantitat de recursos a curt termini que l'empresa té disponibles per operar i cobrir les seves obligacions immediates.

- La viabilitat del model de negoci implica generar ingressos suficients per cobrir les despeses operatives i generar guanys sostenibles a llarg termini. Els ingressos inclouen la font d'ingressos, el preu dels productes o serveis, el volum de vendes i la diversificació d'ingressos. Les despeses són els costos associats a l'operació del negoci, que poden ser fixos o variables.

- Per determinar-ne la viabilitat, s'ha de calcular el punt d'equilibri o llindar de rendibilitat, que és el nivell en el qual els ingressos cobreixen les despeses o costos totals sense generar pèrdues ni guanys. A partir d'aquest punt, l'empresa genera beneficis.

  També és important calcular el flux de caixa per estimar com fluctuen els ingressos i despeses al llarg del temps i si el negoci tindrà prou efectiu per continuar operant.

- Les opcions financeres socialment responsables són aquelles que, a més de buscar rendibilitat econòmica, tenen en compte factors ètics, socials i mediambientals. Són els fons d'inversió, els bons verds, els bons socials, les inversions d'impacte, la banca ètica i les plataformes de micromecenatge d'impacte.

- Els agents implicats en un projecte emprenedor són totes les persones, institucions i recursos que contribueixen activament en el seu desenvolupament. Aquests agents s'agrupen en diverses categories clau, cadascuna amb funcions específiques, com l'emprenedor, els inversors, els clients, els proveïdors, els mentors i assessors, el Govern i l'entorn social.

- Pel que fa als tràmits de constitució i posada en marxa, cal diferenciar l'empresari individual de les societats mercantils. L'empresari ha de donar-se d'alta a Hisenda i la Seguretat Social, sol·licitar les llicències oportunes, registrar la marca i el nom i implementar la prevenció de riscos laborals. Les societats mercantils han de sol·licitar la certificació negativa del nom, la redacció dels estatuts, l'aportació del capital social, l'escriptura pública i inscripció en el Registre Mercantil, l'alta a Hisenda i Seguretat Social i la sol·licitud de les llicències municipals oportunes.

1. El *fintech*:

a) És la combinació de finance ('finança') i *technology* ('tecnologia').

b) Es refereix a les empreses i serveis que utilitzen tecnologies innovadores per millorar, automatitzar i oferir serveis financers.

c) Són empreses que acostumen a integrar programari, aplicacions i plataformes digitals, per oferir productes com pagaments mòbils, banca digital, criptomonedes, gestió d'inversions en línia, préstecs i assegurances digitals.

d) Totes són correctes.

2. El *design thinking*:

a) És una representació fictícia i detallada del client ideal d'una empresa.

b) És una metodologia centrada en la persona, ja que s'utilitza per identificar, entendre i resoldre problemes socials i mediambientals d'una manera innovadora.

c) És una tècnica de planificació estratègica aplicada i emprada en el context personal.

d) Totes són correctes.

3. El pla de tresoreria:

a) És una eina financera que permet gestionar els fluxos de caixa d'una empresa en un període de temps determinat, per assegurar que pugui complir amb les obligacions financeres.

b) Mostra el rendiment econòmic en un període específic.

c) És un informe financer clau que mostra la situació econòmica i financera d'una empresa en un moment determinat.

d) Totes són correctes.

4. El fons de maniobra:

a) També és conegut com a «capital de treball».

b) És la diferència entre l'actiu corrent i el passiu corrent d'una empresa.

c) És un indicador financer que mostra la quantitat de recursos a curt termini que l'empresa té disponibles per operar i cobrir les obligacions immediates.

d) Totes les anteriors.

5. El punt d'equilibri o llindar de rendibilitat:

a) És el nivell en el qual els ingressos cobreixen les despeses o costos totals (costos fixos + costos variables), sense generar pèrdues ni guanys.

b) Ajuda a entendre quantes vendes necessita el negoci per ser viable.

c) A partir d'aquest punt, qualsevol venda addicional genera beneficis.

d) Totes són correctes.

6. El flux de caixa:

a) Serveix per mesurar les entrades i sortides d'efectiu en una empresa durant un període determinat.

b) Serveix per mesurar les entrades d'efectiu en una empresa durant un període determinat.

c) Serveix per mesurar les sortides d'efectiu en una empresa durant un període determinat.

d) Totes són correctes.

7. El marge de guany operatiu:

a) Inclou els interessos o impostos.

b) Indica quin percentatge dels ingressos és guany, després de descomptar-ne els costos directes de producció.

c) Inclou els costos operatius, com salaris i lloguers, però no els interessos o impostos.

d) Totes són correctes.

8. Els inversors àngel:

a) Són inversors que acostumen a entrar en etapes primerenques de desenvolupament de l'empresa assumint un alt risc a canvi de la possibilitat d'obtenir un alt retorn si el negoci té èxit.

b) A més del finançament, sovint aporten la seva experiència, contactes i coneixements del sector, per ajudar al creixement de l'empresa.

c) Són individus que inverteixen els seus propis diners en empreses emergents o startups a canvi d'una participació en el negoci.

d) Totes les anteriors.

9. L'emprenedor o equip fundador:

a) És el grup principal que dona vida al projecte, defineix la visió, pren decisions estratègiques i lidera les operacions.

b) Aporta el capital inicial o continu necessari per finançar el projecte.

c) Són aquells als qui es dirigeix el producte o servei.

d) Totes les anteriors.

ACTIVITAT 1

Elabora el balanç de l'empresa següent, calcula'n el fons de maniobra i interpreta'l sabent les dades següents:

- Un local de 65.000 euros, un camió que es va adquirir per 54.600 euros, diverses màquines valorades en 24.300 euros.

- Existències al magatzem per un import de 2.200 euros.

- L'empresa Cersa, S. A., li deu 6.500 euros per una compra efectuada.

- Dipòsit en el banc de 2.800 euros.

- La pèrdua de valor dels diferents integrants de l'immobilitzat ha estat estimada en 9.000 euros.

- Deu a un proveïdor 3.200 euros per la compra de diversos materials, que haurà de pagar en 3 mesos, i a un altre 13.000 euros, que ha de pagar en 3 mesos també.

- Deu al banc 6.000 euros per un préstec a pagar en 9 mesos.

- L'aportació dels propietaris de l'empresa en el moment de la constitució va ser de 69.000 euros i, dels beneficis obtinguts, se'n van reinvertir 20.000 euros.

- Deu al banc 35.200 euros per un préstec a pagar en deu anys.

ACTIVITAT 2

L'empresa Productes Saludables, SA, produeix barretes energètiques. Els seus costos fixos són de 20.000 euros mensuals. El cost variable per cada unitat produïda és de 14 euros. Si la producció mensual és de 10.000 unitats, es pregunta: «Quin és el preu de venda a partir del qual la societat pot obtenir beneficis?».

ACTIVITAT 3

Una empresa presenta els comptes següents:

- Ingressos: 200.000 euros

- Costos de béns venuts: 75.000 euros

- Despeses operatives: 30.000 euros

- Impostos i interès: 6.000 euros

Calcula'n el marge de guany brut, net i operatiu.

ANNEX DE LA UNITAT 5

ELABORA EL TEU PROPI PROJECTE EMPRENEDOR

PLA D'EMPRESA RESOLT

POSA EN PRÀCTICA EL QUE HAS ESTUDIAT

Enunciat:

Un jove emprenedor, acabat de titular en un cicle formatiu de grau mitjà, decideix iniciar el seu propi negoci amb el nom de **TechAssist, SL.** L'empresa estarà dedicada a la reparació, manteniment i configuració de dispositius electrònics, com ara telèfons intel·ligents, tauletes, ordinadors i perifèrics. A més, oferirà suport tècnic remot i implementarà solucions sostenibles, com ara reciclatge de components electrònics i ús d'energia renovable en les operacions.

Per formalitzar el seu projecte, opta per constituir una **societat limitada (SL),** amb un capital social inicial i finançament extern. L'empresa té com a objectius principals la incorporació de tecnologia sostenible, el compromís amb els objectius de desenvolupament sostenible (ODS) i l'accessibilitat tecnològica per als seus clients.

DESCRIPCIÓ DE L'EMPRESA

- **Descripció de l'empresa:** TechAssist, SL, és una empresa de serveis tecnològics dedicada a la reparació, manteniment i configuració de dispositius electrònics, com telèfons intel·ligents, tauletes, ordinadors i perifèrics. A més, ofereix suport tècnic remot i implementa solucions sostenibles, com reciclatge de components electrònics i ús d'energia renovable en les operacions.

- **Missió:** oferir solucions tecnològiques accessibles, ràpides i sostenibles d'àmbit local.

- **Visió:** convertir-se en el referent local en tecnologia sostenible per a llars i petites empreses.

- **Forma jurídica:** societat de responsabilitat limitada (SL).

La metodologia Business Model Canvas permet visualitzar com cada àrea del negoci contribueix a l'èxit de l'empresa, fomentant l'alineació de la innovació tecnològica amb els objectius de sostenibilitat i rendibilitat.

Pla d'empresa: TechAssist, SL (anàlisi segons el mètode Business Model Canvas)

1. **Segments de clients:** llars, petites empreses i estudiants amb necessitats tecnològiques.

2. **Proposta de valor:** servei tècnic ràpid, econòmic i sostenible.

3. **Canals:** botiga física, portal web i xarxes socials.

4. **Relació amb clients:** atenció personalitzada i suport tècnic remot.

5. **Fonts d'ingressos:** ingressos per reparacions, manteniment i venda de components reciclats.

6. **Recursos clau:** local, eines, programari de diagnòstic i personal tècnic.

7. **Activitats clau:** diagnòstic, reparació, suport remot i reciclatge.

8. **Socis clau:** proveïdors de peces reciclades, organitzacions no governamentals de reciclatge o ajuntament.

9. **Estructura de costos:** lloguer, eines, màrqueting, salaris i programari.

PROMOTORS

- **Nom:** Juan Pérez García

- **Perfil:** tècnic en sistemes microinformàtics i xarxes

- **Aportació:** experiència tècnica i una inversió inicial de 5.000 euros

DESCRIPCIÓ DEL SERVEI OFERT

TechAssist, SL, ofereix serveis tecnològics especialitzats per a llars i petites empreses enfocats en la reparació, manteniment i configuració de dispositius electrònics, com ara telèfons intel·ligents, tauletes, ordinadors i perifèrics. A més, proporciona suport tècnic remot i assessorament personalitzat per resoldre problemes tecnològics de manera ràpida i eficient.

MODEL CANVAS

SOCIS CLAU	ACTIVITATS CLAU	PROPOSTA DE VALOR	RELACIÓ AMB ELS CLIENTS	SEGMENT DE CLIENTS
Proveïdors de peces reciclades, ONG de reciclatge, ajuntament.	Diagnòstic, reparació, suport remot i reciclatge.	Servei tècnic ràpid, econòmic i sostenible.	Atenció personalitzada i suport tècnic remot.	Llars, petites empreses i estudiants amb necessitats tecnològiques.
	RECURSOS CLAU Local, eines, programari de diagnòstic, personal tècnic.		**CANALS** Botiga física, portal web i xarxes socials.	

COSTOS D'ESTRUCTURA	FONTS D'INGRÉS
Lloguer, eines, màrqueting, salaris i programari.	Ingressos per reparacions, manteniment i venda de components reciclats.

Serveis principals

1. **Reparació de dispositius electrònics:** diagnòstic i solució de fallades en maquinari i programari.

2. **Manteniment preventiu:** neteja interna, actualització de sistemes i optimització del rendiment.

3. **Suport tècnic remot:** solució de problemes i consultes tècniques a distància.

4. **Reciclatge de components electrònics:** gestió de peces i dispositius per minimitzar l'impacte ambiental.

5. **Portal web:** eina digital per gestionar reserves, consultes i seguiment en temps real dels serveis.

Proposta de valor

1. **Rapidesa i eficiència:** diagnòstics realitzats en menys de 24 hores i reparacions ràpides, la qual cosa garanteix una experiència còmoda per al client.

2. **Sostenibilitat:** compromís amb el reciclatge de components electrònics i reducció de deixalles tecnològiques.

3. **Accessibilitat:** servei econòmic i adaptat a les necessitats de llars i petites empreses.

4. **Innovació tecnològica:** ús de programari avançat per a diagnòstic remot i portal digital per a la gestió del servei.

5. **Atenció personalitzada:** comunicació directa amb el client, que assegura solucions ajustades als seus problemes tecnològics específics.

IMPACTE EN ELS ODS

ODS 8 («Treball decent i creixement econòmic»)

- Creació d'ocupacions locals de qualitat, incloent-hi formació tècnica en tecnologia i sostenibilitat.
- Estímul al creixement econòmic, mitjançant l'enfocament en economia circular.

ODS 12 («Producció i consum responsables»)

- Implementació de processos de reciclatge per a dispositius i components electrònics, que contribueix a la reducció de residus tecnològics.
- Promoció de pràctiques responsables, com la reparació i reutilització, davant de la compra innecessària de nous dispositius.

ODS 9 («Indústria, innovació i infraestructura»)

- Ús de tecnologies innovadores en el diagnòstic i suport tècnic.

- Creació d'infraestructures digitals, com el portal web, que millora la comunicació i l'eficiència en la prestació del servei.

ESTUDI DE MERCAT

En primer lloc, s'analitza la detecció de necessitats mitjançant la metodologia de *design thinking.*

- **Empatitzar:** enquestes i entrevistes a clients potencials van revelar la manca de serveis tècnics ràpids i sostenibles a la localitat.

- **Definir:** les persones busquen un servei fiable, econòmic i amb consciència ambiental.

- **Idear:** es tracta d'una proposta de crear un servei local amb reparacions ràpides i reciclatge de components electrònics.

- **Prototipar:** consisteix en la creació d'un portal web per a reserves de serveis i seguiment en temps real.

- **Provar:** es recopilen opinions d'un grup pilot de clients potencials per ajustar el servei.

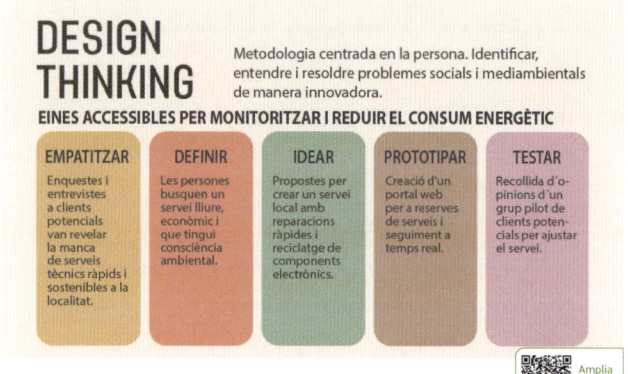

En segon lloc, es fa una anàlisi del macroentorn per mitjà de l'anàlisi Pestel:

- **Política:** legislació favorable al reciclatge electrònic.

- **Econòmica:** increment de la demanda per reparacions, davant de la compra de nous dispositius.

- **Social:** creixent preocupació per l'impacte ambiental de les deixalles electròniques.

- **Tecnològica:** més dependència de dispositius electrònics.

- **Ecològica:** polítiques de reciclatge i reducció de la petjada de carboni.

- **Legal:** normatives sobre la correcta gestió de residus electrònics.

En tercer lloc, s'analitza el microentorn mitjançant una anàlisi DAFO:

- **Fortaleses:** experiència tècnica del promotor, costos baixos inicials i enfocament sostenible.

- **Debilitats:** limitada experiència empresarial del promotor o competència de grans cadenes.

- **Oportunitats:** creixent interès en serveis sostenibles i alta demanda tecnològica.

- **Amenaces:** fluctuació en els preus de components i peces de recanvi.

ANÀLISI DAFO

	Aspectes negatius	Aspectes positius
Anàlisi interna	**Debilitats** Limitada experiència empresarial del promotor, competència de grans cadenes.	**Fortaleses** Experiència tècnica del promotor, costos baixos inicials, enfocament sostenible.
Anàlisi externa	**Amenaces** Fluctuació en els preus de components i peces de recanvi.	**Oportunitats** Creixent interès en serveis sostenibles, alta demanda tecnològica.

Amplia la figura aquí

PLA DE MÀRQUETING

Producte:

Reparacions tecnològiques ràpides, sostenibles i de confiança.

Preu:

Competitiu, a partir de 20 euros per diagnòstic inicial.

Plaça (lloc o canals a través dels quals es distribueixen i lliuren els productes o serveis als clients):

Local físic i serveis en línia, a través del web.

Promoció:

Publicitat a xarxes socials, descomptes inicials i aliances amb institucions educatives.

VIABILITAT DEL PROJECTE

PLA DE TRESORERIA ANUAL

Dades inicials

Inversió inicial

Capital social inicial: 10.000 euros (5.000 euros del promotor + 5.000 euros de préstec ètic)

Ingressos previstos anuals: 42.000 euros, dels quals

Reparacions: 30.000 euros

Manteniment mensual (contractes): 12.000 euros

Despeses anuals: 23.000 euros, de les quals

Lloguer del local: 6.000 euros

Màrqueting: 2.000 euros

Sous: 12.000 euros

Altres despeses administratives: 3.000 euros.

Concepte	Ingressos	Despeses	Saldo
Capital inicial	10.000	23.000	10.000
Ingressos mensuals	3500	0	3.500
Despeses mensuals	0	1.916	–1.916
Saldo final	42.000	23.000	19.000

Resum del pla anual

El pla de tresoreria mostra un flux net positiu cada mes amb un saldo final projectat de **19.000 euros** al tancament de l'any. Això reflecteix la viabilitat financera del projecte amb les dades actuals.

COMPTE DE RESULTATS, BALANÇ, FONS DE MANIOBRA I LLINDAR DE RENDIBILITAT

Dades del supòsit pràctic

El balanç inicial reflecteix la situació financera en iniciar l'empresa.

ACTIU	PASSIU
	Patrimoni net
	Capital social: 20.000
	Benefici net acumulat: 0
Actiu no corrent	**Passiu no corrent**
Equipament tecnològic: 5.000	
Eines i mobiliari: 2.000	
Total: 7.000	

ACTIU	PASSIU
Actiu corrent	**Passiu corrent**
Disponible al banc: 15.000	Préstec a curt termini: 2.000
Existències: 1.000	Proveïdors: 1.000
Total: 16.000	Total: 3.000
TOTAL: 23 000 €	**TOTAL: 23 000 €**

El balanç, al final del primer any, inclou les operacions realitzades (vendes, amortitzacions, pagaments, etc.):

- **Vendes totals anuals**: 60.000 euros
- **Costos variables:** 30.000 euros
- **Despeses fixes:** 15.000 euros
- **Benefici net final:** 14.300 euros
- **Amortització:** 700 euros

Elaborem el balanç amb les dades anteriors.

ACTIU	PASSIU
	Patrimoni net
	Capital social: 20.000
	Benefici net acumulat: 14.300
Actiu no corrent	**Passiu no corrent**
Equipament tecnològic: 4.300 (se n'ha descomptat l'amortització de 700 €)	
Eines i mobiliari: 2.000	
Total: 6.300 €	
Actiu corrent	**Passiu corrent**
Disponible al banc: 24.300	Préstec a curt termini: 1.000
Existències: 500	Proveïdors: 500
Total: 24.800 €	
TOTAL: 31.500 €	**TOTAL: 31.500 €**

1. **Balanç inicial:**

   Actius totals = 23.000 euros

   Passius totals = 3.000 euros

   Patrimoni net = 20.000 euros (diferència entre els actius totals i els passius totals)

2. **Compte de resultats del primer any: dades del supòsit:**

   Ingressos totals: 60.000 euros

   Costos variables totals: 30.000 euros

   Despeses fixes totals: 15.000 euros

   Sous: 10.000 euros

   Lloguer: 2.000 euros

Màrqueting: 1.500 euros

Altres despeses administratives: 1.500 euros

Amortització: 700 euros

Interessos del préstec: 30 euros (préstec de 1.000 euros a un interès del 3 %)

Impost de societats: 25 % del benefici, abans d'impostos

COMPTE DE RESULTATS	
Concepte	**Quantitat**
Ingressos	60.000
Costos variables	-30.000
Marge brut	30.000
Despeses fixes	-15.000
Amortització	-700
Resultat d'explotació	14.300
Interessos de préstec	-30
Resultat abans d'imposats	14.270
Impost de societats (25 %)	-3.567,5
Resultat de l'exercici	10.702,5

3. **Fons de maniobra:**

– Actiu corrent (després d'un any): 24.800 euros (caixa + existències)

– Passiu corrent: 1.500 euros

– **Fons de maniobra:** 23.300 euros (positiu: l'empresa pot cobrir les seves obligacions a curt termini; reflecteix bona liquiditat)

4. **Llindar de rendibilitat:**

Per calcular el **llindar de rendibilitat (UR),** quan no disposem de dades específiques de preus i costos variables unitaris, utilitzem els ingressos i costos totals anuals. Això ens permet derivar el **marge de contribució** com un percentatge global dels ingressos totals, en comptes de treballar amb valors unitaris:

Ingressos totals anuals: 60.000 euros

Costos variables anuals: 30.000 euros

Marge de contribució % = (ingressos totals − costos variables) / ingressos totals

Marge de contribució = (60.000 − 30.000) / 60.000 = 0,5 %

Despeses fixes totals

Sous: 10.000 euros

Lloguer: 3.000 euros

Màrqueting: 1.500 euros

Altres despeses administratives: 500 euros

Total: 15.000 euros

Llindar de rendibilitat = despeses fixes totals / marge = 15.000 euros / 0,5 = 30.000 euros

L'empresa necessita vendre 30.000 euros per aconseguir el punt d'equilibri.

Aquest supòsit pràctic permet avaluar-ne la viabilitat financera inicial i identificar-ne les fortaleses, com ara el fons de maniobra positiu i la previsió d'un benefici net des del primer any.

TRÀMITS LEGALS

TRÀMIT	DESCRIPCIÓ
Certificació negativa de nom	Sol·licitud del certificat de denominació al Registre Mercantil Central (RMC) per garantir que el nom no està registrat
Redacció dels estatuts socials	Definició de l'objecte social, el domicili, el capital, l'administració, etc., que regiran l'empresa
Aportació de capital social	Ingrés d'un dipòsit bancari del capital social mínim (3.000 € per a una SL, encara que, segons la Llei 18/22, de 28 de setembre, de creació i creixement d'empreses, es pot constituir una SL amb un capital d'1 €)
Signatura d'escriptura pública	Signatura de l'escriptura de constitució davant notari, la qual inclou els estatuts i el certificat de dipòsit del capital
Inscripció al Registre Mercantil	Inscripció de la societat al Registre Mercantil de la província corresponent
Alta a Hisenda i obtenció del NIF	Sol·licitud del número d'identificació fiscal (NIF) i l'alta en l'impost sobre activitats econòmiques (IAE), mitjançant el model 036 o 037
Alta a la Seguretat Social	Inscripció de la societat a la Seguretat Social i afiliació dels empleats en el règim corresponent
Llicències municipals	Obtenció de les llicències necessàries per a l'activitat, com la llicència d'obertura o activitat

Hi ha la possibilitat de crear la societat mercantil amb un procediment telemàtic emplenant el **document únic electrònic (DUE),** que unifica més de 25 formularis administratius. Per mitjà del sistema Circe, s'envien aquestes dades a totes les administracions competents en la creació o cessament d'una empresa o en l'alta i baixa en el Règim Especial de Treballadors Autònoms (RETA).

Tota la informació per a la tramitació la pots trobar en aquesta pàgina https://paeelectronico.es/es-es/CreaEmpresaPorTiMismo/Paginas/CIRCE.aspx.

CONCLUSIÓ

En aquest pla, s'hi combinen innovació tecnològica, impacte social i sostenibilitat financera, de manera que s'ofereix una solució pràctica per a un problema global.